Willy Staerk

Beiträge zur Kritik des Deuteronomiums

Willy Staerk

Beiträge zur Kritik des Deuteronomiums

ISBN/EAN: 9783743436183

Hergestellt in Europa, USA, Kanada, Australien, Japan

Cover: Foto ©ninafisch / pixelio.de

Manufactured and distributed by brebook publishing software (www.brebook.com)

Willy Staerk

Beiträge zur Kritik des Deuteronomiums

BEITRÄGE ZUR KRITIK
DES
DEUTERONOMIUMS

INAUGURAL-DISSERTATION
DIE NEBST DEN ANGEFÜGTEN THESEN ZUR
ERLANGUNG DER THEOLOGISCHEN LICENTIATENWÜRDE
MIT GENEHMIGUNG DER
HOCHWÜRDIGEN FACULTÄT DER
VEREINIGTEN FRIEDRICHS-UNIVERSITÄT HALLE-WITTENBERG
AM
28. JULI 1894, VORMITTAGS 11 UHR
IN DER AULA
ÖFFENTLICH VERTEIDIGEN WIRD

Dr. phil. **WILLY STAERK**
AUS BERLIN.

OPPONENTEN:
HERR CAND. TH. JEAN DUSSE
„ STUD. TH. ET ORIENT. R. STÜBE
„ STUD. TH. W. ANZ.

LEIPZIG,
DRUCK VON AUGUST PRIES.
1894.

Vorbemerkung.

Der Ausgangspunkt der vorliegenden Untersuchung über das Deuteronomium ist die bislang wohl angedeutete, aber noch zu wenig als kritischer Kanon verwertete Tatsache, dass in dieser die Form einer Rede tragenden Schrift des Hexateuch die Hörer bald als ein einzelnes Individuum mit „Du", bald als eine Mehrheit von Personen mit „Ihr" angeredet erscheinen. Kommt das nun auch sachlich auf dasselbe hinaus, so ist es doch formell als schriftstellerisch mindestens sehr ungeschickt, wenn nicht unmöglich zu bezeichnen und bildet ein starkes Präjudiz für die schon von anderen auf anderm Wege gefundene Einsicht, dass das jetzige Deuteronomium, wenigstens in seinen Einleitungs- und Schlussreden, einen literarischen Prozess durchgemacht hat. Aber auch für die eigentliche Gesetzgebung lässt sich eine solche Mehrheit von Händen auf demselben Wege erweisen.

Das Recht, diese beiden Teile der Schrift, die Gesetze und deren historisch-paränetische Umrahmung, in der Untersuchung zu trennen, folgt aus der Sache selbst, da der eine ohne den andern bestehen kann, wenn auch in Wirklichkeit, wie ich nachgewiesen zu haben glaube, nie bestanden hat. Jedenfalls ist das Verständnis beider nicht gegenseitig bedingt. Die Untersuchung bringt daher zunächst eine Analyse dieser beiden Teile nach Inhalt und Form, fasst sodann beidemal das Ergebnis derselben zusammen und sucht auf diesem vierfachen Grunde eine Synthese zu geben, die in der Beantwortung der Frage nach dem Inhalt und der Form des sogenannten Urdeuteronomiums gipfelt.

In den Analysen von Dt. 12—26 und 1—11 27—34 habe ich absichtlich durchweg ab ovo angefangen, nicht weil ich das, was in den Kommentaren oder sonstigen exegetischen Beiträgen darüber bereits gesagt ist, vornehm ignorieren zu müssen glaubte, sondern weil ich zeigen wollte, wie ich unabhängig von andern zu Resultaten gekommen

Vorbemerkung.

bin, die sich teilweise mit denen eben jener andern decken, mithin ein gewisses Wahrheitsmoment haben müssen. Darum ist auch die Polemik gegen andere Anschauungen auf das allernotwendigste beschränkt worden, zumal sie ja auch selten imstande ist, die eigene Meinung wesentlich zu stützen. Es dürfte aber unter diesen Umständen nicht unangebracht sein, ausdrücklich zu erklären, dass mir nichts ferner lag, als auch nur einen einzigen Prioritätsanspruch anzutasten.

Andrerseits aber glaube ich einer eigenen Rechtfertigung darüber, dass ich als Reihenfolge der hexateuchischen Quellenschriften die von JE D P ohne weiteres „vorausgesetzt", d. h. eben als der geschichtlichen Tatsache allein entsprechend zu grunde gelegt habe, bei dem dermaligen Stande der alttestamentlichen Kritik wirklich überhoben zu sein.

I. Die deuteronomische Gesetzgebung, Dt. 12—26.

Da von einer systematischen Verarbeitung des in Dt. 12—26 zusammengetragenen gesetzlichen Materials im Ernst keine Rede sein kann, so dürfte es sich empfehlen, das Ganze einmal unter gewisse aus der Sache selbst sich ergebende Gesichtspunkte zu rubrizieren, und zwar zunächst unter die beiden umfassenden: **Gesetze betreffend den Kultus und die Religion** und: **Gesetze betreffend das soziale und wirtschaftliche Leben**. Dabei muss freilich von vornherein bemerkt werden, dass einige wenige Bestimmungen dieser prinzipiellen Teilung widerstreben. Innerhalb dieser beiden ersten Gruppen lassen sich dann leicht verschiedene Klassen von Verordnungen herausstellen. Ich beginne mit den kultischen Bestimmungen.

1. Gesetze betreffend den Kultus und die Religion.

a) den Ausgangspunkt liefert hier selbstverständlich das Gesetz das die Seele des ganzen Deuteronomiums bildet, das Gesetz über die Zentralisation des Kultus und Vernichtung der alten Opferstätten; dasselbe begegnet uns gleich am Anfang der ganzen Sammlung, 12, 2—28. Aber diese Verse sind nichts weniger als ein einheitliches Ganzes. Nachdem v. 2—7 die Grundforderung in aller Klarheit ausgesprochen ist, erscheint sie v. 8—12 in fast demselben Gewande. Dass beide Stücke Parallelen sind, ist von den Kritikern bereits des öftern hervorgehoben worden. Beide haben freilich als Anrede die 2. Pluralis (nur v. 5 (Schluss) und v. 7 (Schluss) 2. sg., wo beidemal die betreffenden Worte ungeschickt nachschleppen, sowie v. 9 b β), aber die verschiedenen Begründungen v. 4 („ihr sollt nicht so [wie die Heiden] Jahwe verehren") u. v. 8 („ihr sollt dann nicht tun wie wir jetzt hier etc."), worauf beidemal als Gegensatz folgt: „sondern an dem Orte, den Jahwe erwählen wird, sollt ihr opfern", beweisen deutlich, dass in v. 2—12 verschiedene Hände tätig waren. — v. 13—19 bringt dann zum dritten Male, in etwas einfacherer Form, das Gebot der lokalen Einheitlichkeit des Kultus, und zwar in der Form der 2. sg. als Anrede (nur v. 16 „ihr"). Bemerkenswert ist hier der Unterschied zwischen Opfern und Schlachten. — An den in v. 13 ff. ausgesprochenen Gedanken, dass Opfern nur am Zentralheiligtum gestattet ist, scheint sich mit **v. 20 ff.** ganz passend eine Klausel anzuschliessen, nach der, wenn der Weg zum מקום zu weit ist, irgend ein Abweichen von der Grundregel gestattet sein soll. Eine Parallele dazu ist 14,

22—27 (14, 24 a βγ genau = 12, 21 a); hier wie dort dient als Anrede die 2. sg.; letztere Stelle geht vom jährlichen Verzehnten der Feldfrüchte aus; dieser Zehnte soll vor Jahwe am מקום verzehrt werden; zugleich ist aber auch (v. 23 a γ) von den Erstgeburten der Rinder und Schafe die Rede. Ist aber der Wohnort vom Heiligtum zu weit entfernt, so darf es (d. h. der Zehnte) zu Geld gemacht und für diesen Erlös am Heiligtum wieder gekauft werden was man will, Rinder, Schafe, Wein, berauschendes Getränk, und dies soll dann vor Jahve verzehrt werden (v. 26). Aus letzterem ist klar, dass der Anfang v. 22, der vom Verzehnten der Feldfrüchte redet, gar nicht zu v. 24 ff. passt. In v. 23 γ (ובכרת בקרך וצאנך) ist die Klammer noch deutlich zu erkennen. **14, 24 ff.** verlangen als Regel, zu der sie die Ausnahme bilden sollen, das Gebot vor sich, dass die von dem Gesamtbesitz an Jahwe zu leistenden Abgaben (Zehnten, Erstgeburt) am Heiligtum verzehrt werden sollen. Ein solches Gebot liegt aber in **12, 17—19** vor, und man wird in **12, 17—19 14, 24—27** ein Gesetz über die Darbringung der pflichtmässigen und freiwilligen Abgaben an die Gottheit zu sehen haben.

Mit diesem Ausscheiden von 12, 17—19 wird nun freilich der Weg von 12, 16 zu 12, 20 ff. frei, aber es ist doch nicht wohl möglich, letztere Verse als unmittelbare Fortsetzung zu 12, 13—16 zu betrachten. Denn erstlich ist v. 20 in seinem Nachsatze genaue Parallele zu v. 15, und in seinem Vordersatze Parallele zu v. 21: beidemal, v. 20 und v. 21, kommt der bereits v. 15 vorliegende Gedanke zum Ausdruck, dass das „Fleischessen" nicht an das Zentralheiligtum gebunden sein soll d. h. dass das Schlachten, das vordem stets zugleich ein Opfern war, seine religiös-kultische Bedeutung verloren hat und zu einer profanen Handlung degradiert worden ist. Das aber war unbedingt nötig, wenn überhaupt das neue Grundgesetz der Kultuszentralisation praktisch ausführbar werden sollte. Sind nun 12, 20 und 12, 21 selbständige parallele Gesetze, so fragt es sich weiter, wo die Fortsetzung zu ihnen zu suchen ist. Lässt man v. 25 und v. 26 als blose Paränesen ausser Acht, so kämen zunächst die Verse 22—24 und 26—27 dafür in Betracht. Erstere können als genaue Parallele zu v. 15 b u. 16 nicht zu 12, 13 ff. gezogen werden, und sind daher am besten in ihrer Verbindung mit v. 21 zu belassen, letztere aber bringen einen neuen Gedanken, und zwar in der Form einer Restriktion: auf jeden Fall müssen die קדשים und נדרים am Zentralheiligtum dargebracht werden, und zwar kommt bei den Brandopfern das Fleisch samt dem Blute auf den Altar, bei den זבחים d. h. den Schlachtopfern aber nur das Blut, während das Fleisch gegessen werden soll. Da nun v. 27 nicht von v. 26 zu trennen ist, so folgt, dass nach diesem Gesetz עלה und זבח, im Grunde ja zwei graduell verschiedene Opfer, soweit sie unter den Begriff der קדשים und נדרים d. h. der pflichtmässigen und freiwilligen Abgaben an die Gottheit fallen, ans Heiligtum verwiesen werden, dass also hier der alte kultische Sinn jedes Schlachtens für das tägliche Leben abgestreift und für das Schlachten von Tieren, die als קדשים oder נדרים

1. Gesetze betreffend den Kultus und die Religion.

dargebracht werden, reserviert ist. Als Vordersatz zu dieser Restriktion aber muss der Gedanke gedient haben, dass das Fleischessen d. h. das Schlachten als solches keine kultische Bedeutung mehr hat, sondern Sache des profanen Lebens ist. Ein solcher Gedanke ist aber in v. 20 ausgesprochen und zwar so scharf, dass nicht einmal mehr der Terminus זבח gebraucht ist, sondern dafür einfach אכל בשר gesagt wird. Es wird also 12, 20 mit 12, 26—27 zusammen zu nehmen sein, ebenso 12, 21 mit 12, 22—24 [1]), und 12, 13—16 für sich bleiben müssen. Alle drei Abschnitte enthalten Vorschriften über den Opferritus auf Grund des neuen Kultusgesetzes, aber so, dass a) 12, 13—16 und b) 12, 21—24 gegenüber c) 12, 20 26—27 eine ältere, dem vordeuteronomischen Brauche näherstehende Praxis darstellen: a) will lediglich die עלה für das Zentralheiligtum reservieren, d. h. das Ganzopfer, welches im wirklichen Leben hinter dem weit häufigeren זבח zurücktrat, und gestattet das זבח am jeweiligen Wohnorte, ohne diese Handlung ausdrücklich ihrer kultischen Nebenbedeutung zu entkleiden. Ebenso steht es mit b), denn auch hier ist noch von זבח die Rede, und als Kopf zu dieser Vorschrift wird der Gedanke anzunehmen sein, dass die Opfergaben vom Viehbesitz eigentlich alle am Heiligtum darzubringen und zu verzehren sind (vgl. v. 21 b כאשר צויתיך). Dagegen spricht c) nur noch vom אכל בשר und verweist ausdrücklich den Begriff זבח in das Gebiet des Heiligen, scheidet also bereits stärker den Kultus vom profanen Leben.

Cap. 12, 1 ff. wäre also in folgende fünf Abschnitte zu zerlegen: 1) 12, 2—7a. 2) 12, 8—12. 3) 12, 13—16. 4) 12, 17—19 (+ 14, 24 a α—27) 4) 12, 20 + 26—27. 5) 12, 21—24. —

b) An das Grundgesetz über die Zentralisation des gesamten Kultus fügt sich am natürlichsten an die Bestimmung, dass alle bisherigen Opferstätten und ihre Charakteristika zu vernichten seien: dieselbe findet sich zweimal, in dem Grundgesetz selber, 12, 2—3, und ausserdem 16, 21—22, hier in der 2. sg., dort, wie schon oben gesagt, in der 2 pl. Was 12, 2 f. positiv ausdrückt, sagt 16, 21 f. negativ: dort wird die Zerstörung aller an den alten Höhendienst erinnernden Altäre samt den Masseben, Ascheren und Schnitzbildern geboten, hier in einer dem Deuteronomium sonst fremden Weise das Pflanzen von Ascheren und Aufrichten von Masseben verboten. Die Wendung „neben dem Altar Jahwes, Deines Gottes, den Du Dir errichtest" ist sonderbar, es scheint fast, als ob hier eine Mehrheit von Jahwealtären vorausgesetzt wird. Als Grund für dieses Verbot wird angegeben, dass Jahwe dies „hasst", ein Gedanke, der sonst gewöhnlich durch תועבת יהוה ausgedrückt ist; es wird darauf noch näher einzugehen sein. — In derselben Weise werden alle die Faktoren des religiösen Lebens, die spezifisch heidnisches Gepräge tragen, verboten. Ganz allgemein, gewissermassen als Thema, findet sich dieser Gedanke in 12, 29—13, 1. Als Anrede ist die 2. sg.

---
[1]) Dann ist wohl 14, 24 a β γ Glosse aus 12, 21, denn hier ist es unentbehrlich, dort sehr überflüssig.

gebraucht, ausser 13, 1a, wo „ihr" erscheint, während 13, 1b die Anrede „Du" hat. Der ganze Vers, der auf derselben Stufe wie 12, 28 und viele andere steht, ist als höchst blasse Paränese zu entbehren. Als Grund für das Verbot, es nicht den Heiden in der Gottesverehrung nachzutun, erscheint auch hier der Gedanke der (אשר שנא) תועבת יהוה. Inhaltlich und zum Teil auch formell ist 12, 29 ff. eine Parallele zu 12, 2—7 (vgl. 12, 4 לא תעשה כן ליהוה אלהיכם mit 12, 31 לא תעשון כן ליהוה אלהיך), als Anrede erscheint hier die 2. pl., dort die 2. sg. Es verdient übrigens wohl hervorgehoben zu werden, dass in 12, 29 ff. der Nachdruck im Verbot mehr auf der Form des alten Gottesdienstes im engeren Sinne, auf dem Wie, in 12, 2 ff. aber mehr auf dem Wo liegt, daher auch 12, 31 als besonderer „Gräuel" die Kinderopfer erwähnt werden. Jedenfalls steht 12, 29—31 dem Verbot 16, 21—22 inhaltlich sehr nahe, letzteres ist eine nähere Ausführung zu ersterem. — Welche Strafe dem droht, der andere zu diesem verbotenen heidnischen Gottesdienst verführt, sagt 13, 2—19 und 17, 2—7. Aus dem Abschnitt 13, 2 ff. hebt sich zunächst v. 2—6 (Verführung durch einen Profeten oder Träumer) heraus, sodann v. 7—12 (Verführung durch die nächsten Angehörigen) und v. 13—19 (Verführung einer ganzen Stadt)[1]. Alle drei Stücke gehören ohne Frage eng zusammen (vgl. das dreimalige נלכה ונעבדה אלהים אחרים [אשר לא ידעתם] v. 3 [LXX πορευθῶμεν καὶ λατρεύσωμεν θεοῖς ἑτέροις]. v. 7 u. v. 14). In 13, 13 ff. u. 13, 7 ff. ist die Anrede überall die 2.sg. (13, 8 אשר סביבתיכם ist mindestens überflüssig, wenn nicht der ganze Vers als Einschub zu streichen ist; eine Explikation der „anderen Götter" ist recht ungeschickt), dann wird es auch in 13, 2 ff. ursprünglich so gewesen sein: v. 4 b u. 5 (2 pl.) ist also dem Kontexte fremd, desgleichen v. 6 אלהיכם u. אתכם. Nach LXX wird (vgl. v. 11 b) zu lesen sein (על יהוה) אלהיך המוציאך מארץ מצרים הפדך מבית עבדים, wobei unentschieden bleiben mag, ob הדרך nicht erst später eingeschoben ist (vgl. v. 11 b). Zur vollständigen Heilung des Textes bedarf es aber noch einer kleinen Umstellung: v. 6 כי דבר סרה על יהוה אלהיך וגו׳ (nach obiger Verbesserung) schliesst sich direkt an v. 4 a an, dann erst folgt v. 6 a ובערת הרע מקרבך u. 6 b והנביא ההוא או חלם החלום ההוא יומת. Letztere Wendung wird auch sonst noch in cap. 12—26 begegnen, sie bezeichnet dasselbe, was anderwärts mit תועבה (תועבת ה׳ auch wieder 13, 15) ausgedrückt ist. — Über Abgötterei und deren Strafe handelt auch 17, 2—7, (2.sg.); was 13, 13 ff. von der Bevölkerung einer ganzen Stadt gesagt ist, gilt hier von dem einzelnen Individuum. Die formelle Ähnlichkeit beider Stellen ist die denkbar grösste, vgl. 13, 13 u. 17, 2, 13, 14 u. 17, 3 [„hingehen u. anderen Göttern dienen"], 13, 15 u. 17, 4 [fast genau]. Andrerseits klingen in 17, 5 b und 17, 7 die Gedanken von 13, 11 a u. 13, 10 deutlich nach und 17, 7 b ist gleich 13, 6 b. Beachtet man ausserdem, wie das Gesetz über die Zeugenzahl (19, 15) hier praktisch verwertet ist, so liegt der Schluss nahe, dass 17, 2—7 erst aus den angegebenen Stellen zusammengesetzt ist. Neues

---

1) Zu v. 13 vgl. Dillmann z. St.

bringt das Stück (ausser der Aufzählung in v. 3) gar nicht, ist also zum mindesten überflüssig.

c) Besonders hervorgehoben werden noch folgende Elemente des alten Heidentums: α) **14, 1—2, das Ritzen der Haut und Scheeren der Stirnhaare als Zeichen der Totenklage**. Die Anrede erfolgt in v. 1 mit „ihr", in v. 2 mit „du". Da v. 1 a ohne Frage die Begründung des Verbots in v. 1 b sein soll, so sind v. 1 a u. 2 Parallelen. Überdies beweist Jer. 16, 5 ff. unwiderleglich, dass diese alten Trauergebräuche[1]) im 7. Jahrhundert noch unanstössig waren. Mithin muss mindestens 14, 1 aus formalen und sachlichen Gründen als Einschub gestrichen werden. Aber auch die paränetische Begründung 14, 2, die nur als weitere Ausmalung von v. 1 a verständlich ist, wird dann fallen müssen. Sie ist wohl aus der Einleitungsrede 7, 6 hier nachgetragen, vgl. auch 14, 21 27, 9 u. 28, 9. — β) **18, 9—22, das Verbot der Kinderopfer, Wahrsagerei, Zeichendeuterei, geheimer Künste, der Zauberei, Verwünschungen und des Dämonenkults** etc. (2. sg). Auch dieses Verbot wird ausdrücklich durch den Gedanken der ה' תועבת begründet. Bedenken erregt das an dieses Verbot angeschlossene Wort über den wahren Jahweprofeten und über den Unterschied zwischen falschen und wahren Profeten (v. 15 ff.) Schon die überflüssige Bemerkung v. 14, dass „diese Völker" auf Zeichendeuter und Wahrsager hören, ist nach dem vorher Gesagten verdächtig. Mit v. 13 ist ein guter Abschluss erreicht, v. 14 scheint die Brücke zu dem folgenden Anhang zu sein, in dem in v. 15 wieder das verdächtige „ihr" erscheint. v. 16 ff. erinnert stark an die Einleitungsreden cap. 1—11, und in v. 20 ff. scheinen Verhältnisse, wie sie aus Jeremja bekannt sind, durchzublicken. Jedenfalls ist v. 14 ff. ein schlechter Abschluss der kurzen und bündigen Gebotes in v. 9—13, eine Empfindung, mit der ich nicht allein stehe. Wichtiger ist aber folgendes: 18, 9—13 nähert sich inhaltlich dem Stücke 12, 29 ff. in unverkennbarer Weise, besonders 18, 9 לא תלמד לעשות כתועבת הגוים ההם zwingt an das 12, 30 f. Gesagte zu denken. Streicht man den nichtssagenden v. 18, 9 a, so schliesst sich 18, 9 b—13 glatt an 12, 29—31 an: auf das allgemeine Verbot des heidnischen Wesens in Religion und Kultus würde eine kurze Aufzählung der zu unterlassenden „Gräuel" folgen (18, 9 b—13) und darauf die Verordnungen betreffs etwaiger Verführung zur Abgötterei und deren Bestrafung (13, 2—18), wobei wohl nicht ohne Absicht die Autorität des Profeten an der Spitze steht[2]). Sollte vielleicht 13, 2—6 erst die Erörterung über wahres und falsches Profetentum in 18, 15 ff. hervorgerufen haben? Da nun auch, wie schon oben nachgewiesen, 16, 21—22 dem Stücke 12, 29 ff. nahe steht, so darf man vielleicht annehmen, dass in 12, 29—31 13, 2—18 16, 21—22 18, 9—13 ein grösseres einheitliches Ganzes vorliegt.

Aber auch γ) **23, 18—19** (2. sg) (über Kadeschen, Hurenlohn

---

1) Vgl. Schwally, Das Leben nach dem Tode, bes. Kap. 1.
2) Der חלם חלום mag übrigens in 13, 2 ff. erst nachträglich eingetragen sein; wenigstens passen טטיט u. דיא nur auf den „Profeten".

und Hundegeld¹) wird in diesen Zusammenhang gehören. Auch hier erfolgt die Begründung des Verbotes durch Hinweis auf die 'ה תועבת. Fügt man es in den angegebenen Zusammenhang hinter 16, 21 f. ein, so würde auf die Grundthese 12, 29—31: „Ahme nicht die Art der heidnischen Gottesverehrung nach" zunächst (16, 21—22) das Verbot von Ascheren und Masseben, dann das des Kadeschenwesens (23, 18— 19) folgen, also von spezifisch dem Kultus angehörigen Dingen, alsdann das der andern, für das Heidentum als Religion charakteristischen Merkmale, Wahrsager, Zeichendeuter, Totenbeschwörer etc. (18, 9—13) ²).

d) An die Erörterungen über das nach seiner positiven und negativen Seite entwickelte neue Gebot werden sich am besten die von dem Material des Kultus, den Opfern, heiligen Abgaben etc., handelnden Verordnungen, anschliessen, zumal davon schon in dem Grundgebote selbst die Rede war. Genannt waren daselbst (ausser עלה und זבח) im allgemeinen die Erstgeburten (12, 6 u. 17), die Zehnten (12, 6 11 17 14, 22), die תרומת (Aparchen 12, 6 11 17), die נדרים (in Bezug auf den Kultus natürlich gelobte Opfer 12, 6 11 17), die נדבת (freiwillige Opfer, Geschenke etc. 12, 6 17). In 12, 26 werden ausserdem unter קדשים alle pflichtmässigen, unter נדרים die freiwilligen Opfergaben zusammengefasst. Genauere Bestimmungen werden nun über folgende Opfergaben gemacht: a) 15, 19—23 (2.sg.): alle männliche Erstgeburt von Rindern und Schafen ist Jahwe als heilige Gabe zu weihen und muss vor Jahwe am Heiligtum jährlich verzehrt werden; ausgenommen sind nur die fehlerhaften Tiere, diese sollen zu Hause verzehrt werden. Der erste Teil dieser Verordnung stimmt mit 12, 6 u. 17 überein, der zweite hat seine Parallele an 17, 1 (2.sg.), wo ebenfalls das Opfern fehlerhafter Tiere verboten wird, und zwar weil es ein „Gräuel" für Jahwe ist. Letzteres Gesetz stellt sich in seiner lapidarischen Kürze und mit der Begründung כי תועבת יהוה אלהיך היא den soeben besprochenen Bestimmungen zur Seite. Auch ist kein Grund vorhanden, es von 16, 21 f. zu trennen, da es gleichfalls zur Feststellung des rechten Jahwekultus dient. Man wird daher nicht fehl gehen, wenn man es dem oben angegebenen Zusammenhang hinter 16, 21 f. anreiht. Alsdann haben wir in 15, 19—23 eine 17, 1 parallele, aber davon unabhängige Vorschrift über den Opferritus zu sehen. Da auch hier זבח noch deutlich die Nebenbedeutung des Opfers hat und 15, 22 = 12, 15 b u. 12, 22; u. 15, 23 = 12, 16 u. 12, 24 ist, so scheint sie in den Kreis dieser Gesetze über die Opfer zu gehören, und zwar wird sie am ehesten mit 14, 22 f. zusammen zu nehmen sein (vgl. 14, 22 שנה שנה u. 15, 20 בשנה שנה). Alsdann läge in 15, 19—23. 14, 22—23 ein Gesetz über die Darbringung der קדשים, der Erstgeburten und der Zehnten, vor.

β) Über den Zehnten und die ראשית ist, ausser an den bereits besprochenen Stellen, noch die Rede 14, 28—29 26, 1—11 und 26,

---

1) LXX hat nach v. 17 noch: οὐκ ἔσται τελεσφορος ἀπο θυγατερων Ἰσραηλ και οὐκ ἔσται τελισκομενος ἀπο υἱων Ἰσραηλ.

2) Lässt man 18, 9 b ausser acht, so schliesst sich mit 18, 10 das Kinderopfer vortrefflich an das Kadeschenwesen als ebenfalls zum Kultus gehörig an.

1. Gesetze betreffend den Kultus und die Religion.

12—15 (allemal 2. sg.): zwar könnten 14, 28 f. u. 26, 12 ff. eher zu den das soziale und wirtschaftliche Leben normierenden Verordnungen gezogen werden, aber es wird sich empfehlen, sie hier zu besprechen, schon darum, weil gerade solche Gebote der Humanität im Deuteronomium unter spezifisch religiöse Gesichtspunkte gestellt sind. **14, 28—29** bestimmt, dass nach drei Jahren der gesamte Zehnte an die Leviten, Fremdlinge, Waisen und Witwen fallen soll, eine Verordnung, die in geradem Gegensatz zu den bisher gegebenen Gesetzen über die Verwendung der Zehnten, besonders zu 14, 22 (שנה שנה) steht. Denn wenn der drittjährige Zehnte „in den Ortschaften" gelassen werden soll, so kann er nicht, wie 14, 22 fordert, am Heiligtum verzehrt werden, und wenn er den Leviten so wie den personae miserabiles zufällt, so ist die fröhliche Opfermahlzeit vor Jahwe unmöglich. Eins schliesst eben das andere aus. Dass aber im dritten Jahre das „Essen vor Jahwe" suspendirt werden soll, ist nirgends gesagt. — An der zu zweit genannten Stelle **26, 1—11** wird geboten, den ראשית von allen Feldfrüchten in einem Korbe vor Jahwe unter Aufsagen einer Art Gebet niederzulegen, natürlich am Zentralheiligtum [1]). Da in dem Körbchen von allen Feldfrüchten etwas dargebracht werden soll, wird es von jedem eben nur ein wenig gewesen sein, d. h. ראשית wird hier die „Erstlinge"[2]) bedeuten, nicht aber eine zehntartige Abgabe. — Mit 14, 28 f. endlich steht in engstem Zusammenhange 26, 12 ff., ein Stück, das in erbaulichem Tone jenes Gesetz über die Ablieferung des Zehnten im je dritten Jahre wiederholt. Hier erhält dieser Termin einen besonderen Namen, שנת המעשר, und überdies beweist der mehrfache Hinweis auf die genaue Erfüllung eines schon gegebenen Gebots (vgl. besonders v. 13 ככל מצותך אשר צויתני), dass 26, 12 ff. erst auf Grund von 14, 28 f. geschrieben sein kann, und zwar vermutlich in Nachbildung zu dem schönen Bekenntnis 26, 1 ff. Denn dieses und 26, 12 ff. sind offenbar nur verschiedene Einkleidungen eines und desselben Grundgedankens.

γ) Zu den heiligen Gaben gehören endlich auch die an die Priester zu stellenden festen Leistungen. Dieselben erscheinen im Deuteronomium ebenfalls unter dem Begriff der ראשית, 18, 1—5, aber hier wird darunter nicht sowohl eine Überlassung der בכורים, als eine wirkliche zehntartige Abgabe nach Art der תרומות, also Aparchen, zu verstehen sein. Und zwar wird vom Schlachtopfer das Vorderbein, die Kinnbacken und der Magen gefordert; ausserdem aber die ראשית vom Getreide, Öl, Most und von der Schafschur. Indessen ist 18, 1—5 nicht einheitlich, wie schon aus dem Gebrauch der 3. Person Singularis in v. 3 und überhaupt aus dem vom Deuteronomium gänzlich abweichenden Stil von 18, 1—3 hervorgeht. Dazu kommt als

---

1) Da nach v. 10 b der Betende den Korb selbst Jahwe übergiebt (והנחתו לפני יהוה), so kann ihn nicht schon vorher der Priester auf den Altar stellen (v. 4). v. 3 u. 4 sind zu streichen (vgl. v. 3 das thörichte „Jahwe Deinem Gotte"); v. 5 schliesst sich glatt an v. 2 an. Der Einschub ist natürlich nur gemacht, um ja den Priester zu seinem Rechte kommen zu lassen.

2) Im Sinne von בכורים, vgl. übrigens auch Schürer, Gesch. d jüd. V. II. S. 197.

unumstössliches Kriterium die doppelte Begründung dieses Gesetzes über die Priestergefälle, v. 1 und v. 5. Es ist also 18, 1—3 von 18, 4—5 zu trennen, und in beiden Abschnitten werden Reste eines Priesterrechts zu erkennen sein. Nun kann es aber keinen Augenblick zweifelhaft sein, dass allein in 18, 4—5 (und dem dazu gehörigen Stücke 18, 6—8) echtes deuteronomisches Gut vorliegt, weil nur die hier geforderten Abgaben an die Priester der alten Praxis nahestehen, während 18, 1—3 (vgl. 1. Sam. 2, 13) den Übergang zu den Forderungen von P bildet: ein „Recht der Priester an die Opfernden" ist für die ältere Zeit, und auch für das Deuteronomium, das in Bezug auf den Kultus, mit der einen einzigen grossen Ausnahme hinsichtlich der lokalen Einheit desselben, durchaus konservativ ist, ein Unding.
Weiter aber ist klar, dass sich 18, 4 f. nicht mit 14, 28 f., wohl aber mit 14, 22 f., dem Gebot des jährlichen Verzehntens aller Einkünfte vom Felde, verträgt: wenn der Priester die ראשית des jährlichen Zehnten erhält, so ist das ja im Grunde nur eine Modifikation der Hingabe des ganzen Zehnten an die Gottheit, wenn er aber je im dritten Jahre den gesamten Zehnten und ausserdem noch die ראשית erhalten soll, so ist das nicht nur mit dem Gebot 14, 22 f. unvereinbar (s. o. S. 4 f.), sondern widerspricht sich auch selbst.
Zieht man also die den Klerus bereits reicher ausstattenden Vorschriften 14, 28 f. und 26, 12 ff. ab, so zeigt sich, dass auch nach dem Deuteronomium der alten Sitte gemäss der Zehnte (nebst den Erstgeburten) vor Jahwe — natürlich am Zentralheiligtum — verzehrt werden soll, dass ferner den Priestern eine Liebesgabe vermutlich von eben diesem Zehnten (die ראשית) bestimmt und dass überdies durch Zuziehung zu jedem Opferschmaus für sie im reichen Masse gesorgt wird, dass aber endlich die ראשית d. h. die בכורים regelmässig Jahwe unter Hersagen eines Bekenntnisses als Dank für die Israel erwiesene Gnade der Verleihung eines reichen und fruchtbaren Landes übergeben werden sollen, vgl. auch Wellhausen Proleg. S. 92 f. und zu 14, 28 f. (26, 12 ff.) jetzt auch Skizzen u. Vorarb. V S. 78 (zu Am. 4, 4). Hierbei ist nur das eine anstössig, dass ראשית in zweierlei Bedeutung in demselben Gesetzbuche gebraucht sein soll. Doch wird man darum nicht ohne weiteres 26, 1 ff. dem Bestande des ursprünglichen Deuteronomiums absprechen dürfen.

δ) Eine vereinzelte Bestimmung, die hierher zu ziehen sein wird, liegt endlich in 23, 22—24 (2. sg.) vor: sie regelt das Gelübdewesen dahin, dass einmal ausgesprochene Gelübde unbedingt und möglichst bald vollzogen werden sollen. Bringt einer aber kein Gelübde dar, so ladet er damit keine Verschuldung auf sich. In v. 24 b ist übrigens אשר דברת בפיך zu streichen: diese Worte hinken ungeschickt nach und passen gar nicht zu נדבה, da dies hier adverbial („freiwillig") gebraucht ist.

e) Auch über die Träger des Kultus, die Priester, ist schon zum grössten Teil in den Gesetzen über die Zentralisation des Kultus und über die קדשים die Rede gewesen. Charakteristisch für das Deuteronomium sind bekanntlich die Bestimmungen über die Leviten, die dringend der Mildtätigkeit ihrer Volksgenossen empfohlen werden (12, 19 14, 27), charakteristisch auch die Zusammenstellung derselben mit den Waisen und Witwen. Aparchen werden ihnen (18, 4 f.) vom Korn, Most, Öl und der Schafschur zugewiesen, 18, 3 vom Schlachtopfer drei bestimmte Stücke (doch s. oben S. 9 f.), ausserdem sollen sie zu den Opfermahlzeiten am Heiligtum (12, 12 18 14, 27 16, 11 u. 14) stets hinzugezogen werden. Hierzu tritt nun noch die Verordnung 18, 6—8, derzufolge die Leviten das Recht haben, am Heiligtum Dienst zu verrichten so gut wie die dort angestellten Priester, und nach der ihnen Anspruch auf die Einkünfte der Zentralkultusstätte zusteht[1]). Durch diese Bestimmung versuchte man der Konsequenz des neuen Kultusgesetzes, das mit einem Schlage alle ausserjerusalemischen Priester brodlos machen musste, zu entgehen. Dass sie, obschon in der Theorie recht schön, dem durch die Zentralisation des Kultus geschaffenen Levitenelend nicht steuern konnte, beweisen die oben erwähnten Gesetze über Versorgung der Leviten durch die Volksgenossen. Es ist daher nicht von vornherein als unmöglich hinzustellen, dass Bestimmungen wie 18, 6—8 u. 12, 19 14, 27 etc. aus derselben Feder geflossen sind. Zu bemerken ist noch, dass 18, 6—8 mit 18, 4—5 eng zusammengehört (vgl. v. 5 u. v. 7 'ה בשם שרת): das Bruchstück eines deuteronomischen Priesterrechts.

f) Eine Festgesetzgebung findet sich 16, 1—17 (durchweg 2. sg. als Anrede), und zwar eröffnet dieselbe eine Bestimmung über die Feier des Passah, 16, 1—8. Verflochten mit ihr ist eine solche über das Massothfest. Diese Verbindung ist im ganzen gelungen (cf. v. 3 a α), nur an einer Stelle stossen die beiden Teile arg aufeinander: zu dem Passah-Schlachtopfer soll nichts Gesäuertes gegessen werden, sondern sieben Tage lang מצות, die als „Brod des Elends" bezeichnet werden. Das Passahopfer selbst aber darf — was ganz selbstverständlich — nur am Zentralheiligtum verzehrt werden, und zwar, da es einer historischen Erinnerung dient, am Abend; am nächsten Morgen aber „sollst du dich auf den Weg machen und wieder heimziehen". Auch darf von dem Opferfleisch, das am Abend des ersten Tages hergerichtet ist, nichts über Nacht bleiben. Wie reimen sich dazu die sieben Tage, an denen nur ungesäuerte Fladen gegessen werden dürfen, wie dazu die Festversammlung am siebenten Tage, wenn (v. 7 b) die Leute gleich nach dem Verzehren des Passahopfers (am Abend des ersten Tages) wieder heimziehen sollen? Gerade in dieser Bestimmung liegt der Anstoss und das sicherste Zeichen, dass hier zwei Dinge zusammengeschmiedet sind, die einander widerstreben. Die Zählung der Tage passt nur für das 7tägige Massothfest, denn das vom Deuteronomium historisch begründete Passah dauert nur einen Tag. Das Gesetz, wie es jetzt in 16, 1—8 vorliegt ist ein offenbares Nonsens. Die Bestimmungen über Passah und Massoth sind zu scheiden, und zwar folgendermassen:

---

1) Der Schluss von 18, 8 ist leider verderbt, die Übersetzungen helfen auch nicht weiter.

I. Die deuteronomische Gesetzgebung, Dt. 12—26.

³ . . . . . . שבעת ימים תאכל . . . .
מצרת לחם עני כי בחפזון יצאת
מארץ מצרים למען תזכר את יום
צאתך מארץ מצרים כל ימי חייך:
⁴ ולא יראה לך שאר בכל גבלך שבעת
ימים . . . . (⁸ששת ימים תאכל
מצרת וביום השביעי עצרת ליהוה
אלהיך לא תעשה מלאכה).

¹ שמור את־חדש האביב ועשית פסח
ליהוה אלהיך כי בחדש האביב היציאך
יהוה אלהיך ממצרים לילה: ²וזבחת
פסח ליהוה אלהיך צאן ובקר במקום
אשר יבחר יהוה לשכן שמו שם:
³ לא תוכל לזבח את הפסח באחד
שעריך אשר יהוה אלהיך נתן לך:
⁶ כי אם אל המקום אשר יבחר יהוה
אלהיך לשכן שמו שם תזבח את
הפסח בערב כבוא השמש מועד צאתך
ממצרים: ⁷ובשלת ואכלת במקום אשר
יבחר יהוה אלהיך בו ופנית בבקר
והלכת לאהליך: ⁴ᵇ ולא ילין מן הבשר
אשר תזבח בערב לבקר

Also v. 1—2 5—7 4 b einer- und v. 3 a β — 4 a 8 andererseits. Die Umstellung von v. 4 b (hinter v. 7) macht durchaus keine Schwierigkeiten. Dagegen zeigt sich das Gesetz über das Massothfest nach Abzug der redaktionellen Klammern in 3 a α לא תאכל עליו חמץ u. 3 a β עליו sowie vor allem in 4 b ביום הראשון als Torso im Vergleich zu den andern auf den Ackerbau sich gründenden Festen 16, 9 ff. u. 16, 13 ff. Sehr anstössig ist dabei auch die Vorschrift v. 8, dass sechs Tage Mazzen gegessen werden sollen und dass am siebenten Tage „Festversammlung" ist. Ersteres widerspricht doch wohl deutlich dem Gebote, sieben Tage Mazzen zu essen v. 3 u. 4, vgl. auch Ex. 23, 15 34, 18 13, 6, der Ausdruck עצרת aber ist terminus technicus für den achten Tag des Laubhüttenfestes bei P Lev. 23, 36 Num. 29, 35 (Neh. 8, 18 2. Chron. 7, 9) und schon dadurch für das Deuteronomium verdächtig. v. 8 scheint sekundäre Novelle zu sein. — Ersteres Stück, **16, 9—12**, normiert die Feier des sog. **Wochenfestes**. Natürlich soll es ebenfalls am Heiligtum gefeiert werden wie das Passah und an dem Opferschmaus soll auch der Levit teilnehmen. Ob auch ursprünglich Fremdling, Waise und Witwe, ist sehr zweifelhaft, da v. 11 a γ ungeschickt nachschleppt und durch diese Überfüllung v. 11 b „an dem Orte, den Jahwe etc." zu stark von dem Hauptprädikat ושמחת לפני ה׳ getrennt wird. v. 12 ist rein paränetisch wie 12, 28 13, 1 u. ö. —

Ebenso dürften in **16, 13—15**, der Verordnung über das Sukkothfest, die Worte „und der Fremdling und die Waise und die Witwe" zu streichen sein. Jedenfalls ist zu beachten, dass sich dieser Zusatz 12, 12 u. 18 (letzterer Vers genau = 16. 11 u. 14) nicht findet. — 16, 16—17 endlich setzt fest, dass dreimal jährlich alle Männer vor Jahwe erscheinen sollen, und zwar mit Gaben, wie sie der einzelne zu leisten vermag: am Massoth-, Wochen- und Hüttenfeste. Auch diese Repräsentation des männlichen Israel hat natürlich, wie die drei Feste selbst, am Zentralheiligtum stattzufinden.

g) Zu der Kultusgesetzgebung im weiteren Sinne gehören noch folgende Bestimmungen: a) **23, 2—7**, über Personen, die aus der „Gemeinde Jahwes" auszuschliessen sind. Als solche werden genannt v. 2

Verstümmelte, v. 3 Bastarde, v. 4 ff. Ammoniter und Moabiter. β) 23, 8 - 9: nicht zu „verabscheuen" sind Edomiter und Ägypter; ihre Nachkommen dritten Gliedes dürfen in die „Gemeinde Jahwes" aufgenommen werden. Dieser Komplex von Verordnungen ist schon, wie längst zugestanden, durch den dem deuteronomischen Gesetze gänzlich fremden Begriff der קהל יהוה höchst verdächtig, und verstärkt wird dieser Verdacht noch durch die historische Reminiscenz v. 5 ff. In v. 5 a erfolgt die Anrede in der 2. pl., sonst in der 2. sg. — Aber auch γ) 14, 3— 21, [1]) das Gesetz über reine und unreine Tiere, ist im höchsten Grade anstössig; man glaubt ein Stück aus dem Priesterkodex vor sich zu haben. Als Anrede wird v. 4—20 „ihr" gebraucht, dagegen erscheint v. 3 u. v. 21 das sonst übliche „du". In der Tat hat nun Dt. 14, 3 ff. in Lev. 11 eine ausführliche Parallele. Aber freilich kann Dt. 14, 3 ff. nicht aus Lev. 11 aufgenommen sein, schon darum nicht, weil Lev. 11 wohl als nähere Ausarbeitung von Dt. 14, 3 ff. verständlich ist, nicht aber Dt. 14, 3 ff. als Resumé aus Lev. 11. Das Verhältnis zwischen beiden Stellen ist vielmehr so vorzustellen, dass Lev. 11 die spätere stark übermalende Ausarbeitung einer älteren Skizze über reine und unreine Tiere darstellt, die auf irgendwelche Weise in die deuteronomische Gesetzgebung geraten ist, vermutlich wohl als weitere Ausführung des kurzen Gebotes 14, 3 תועבה כל תאכל לא. das in v. 21 בשעריך אשר לגר לכרי מכר או תאכלה תתננה seine ursprüngliche Fortsetzung haben dürfte. Sollte übrigens auch כל נבלה v. 21 noch dazu gehört haben, als Kommentar zu v. 3 תועבה? Es würde sich alsdann aus dem Vergleich mit Ez. 4, 13 f. u. Ex. 22, 30 (vgl. u. S. 32) ergeben, dass das Verbot des Genusses von טרפה und נבלה [2]) bei Ezechiel in Ex. 22, 30 u. Dt. 14, 3 21 seine Vorgänger hat [3]). Jedenfalls aber ist kein Grund vorhanden, ein Verbot wie das des Genusses von תועבה (== נבלה) dem Deuteronomium abzusprechen — es könnte ursprünglich in dem Komplex von Verordnungen über Reinhaltung von den תועבות der Heiden gestanden haben vgl. o. S. 7 f.), während andererseits sachliche und formelle Gründe die Ausscheidung des Gesetzes Dt. 14, 4 ff. unbedingt verlangen. —

2. Gesetze betreffend das soziale und wirtschaftliche Leben.

Wenn es erlaubt ist, an einen gesetzlichen Stoff wie den des Deuteronomiums und überhaupt der alttestamentlichen Gesetzgebung modern-juristische Begriffe heranzubringen, so würde sich als generelles Teilungsprinzip der hier zu besprechenden Gesetze am besten das der

---

1) v. 21 b ist ganz unpassend aus Ex. 34, 26 (23, 19) hier eingetragen.
2) Beides wird Ez. 4. 14 unter dem Begriff בשר פגל zusammengefasst.
3) Ex. 22, 30 kann unmöglich zu dem Komplex von Gesetzen, in dem es jetzt steht, gehören aus formalen (Anrede in der 2. pl.) und besonders sachlichen Gründen (vgl. 21, 34 f. 22, 10 12 u. dazu Wellhausen, Kompos. S. 92). Der Ausdruck קדש אנשי weist auf das Deuteronomium hin (vgl. עם קדש). Vielleicht enthielt Dt. 14, 3 21 ursprünglich auch das Verbot, טרפה zu essen.

14   I. Die Deuteronomische Gesetzgebung, Dt. 12—26.

Bestimmungen aus dem öffentlichen und dem Privatrechte empfehlen, wobei von ersterem allerdings das Sakralrecht abzuziehen ist, weil sich dessen wesentlicher Begriff schlechterdings nicht mit der hebräischen Kultusgesetzgebung vereinigen lässt. Den Anfang mögen also

a) die Bestimmungen aus dem Gebiete des öffentlichen Rechts machen.

α) Unter diesen werden ihres allgemeinen Charakters wegen zunächst die prozessrechtlichen Verordnungen, die es mit der Rechtspflege als solcher zu tun haben, zu behandeln sein. — 16, 18 (2. sg.) bestimmt die richterlichen Autoritäten, שפטים und שטרים, und zwar für alle Städte. Ihre Hauptaufgabe ist das Rechtsprechen und zwar gerechte Rechtspflege 16, 19—20 (2.sg.), als deren Gegenteil vornehmlich das „Beugen" des Rechts, parteiisches Urteil und Bestechlichkeit genannt werden. — Schwierige Rechtsfälle aber werden einer höheren Instanz zugewiesen, den levitischen Priestern am Zentralheiligtum 17, 8—13 (2.sg.). Der Text dieses Gesetzes ist nicht rein erhalten, da in v. 9 a β „zu dem Richter, der zu dieser Zeit vorhanden sein wird" und in v. 12 a (Schluss) „oder dem Richter" Glossen vorliegen, die der Pointe des Gesetzes, dass verwickelte Rechtsfälle der höheren Autorität der Priester zur Beurteilung zu überlassen sind, geradezu widersprechen. Es sind spätere Zusätze zu diesem, ohne Frage die alte Praxis widerspiegelnden Gesetze, die aus dem Geiste der späteren Geschichtsbetrachtung, nach der Israel in der vorköniglichen Zeit unter der Autorität der שפטים stand, geboren sind.[1]) v. 9 b ist mit LXX vielleicht besser ודרשׁי והגידו לך (καὶ ἐκζητήσαντες ἀναγγελοῦσί σοι) zu lesen. und v. 10 a ההיא nach LXX (ἐκ τοῦ τόπου οὗ ἐὰν ἐκλέξηται κύριος ὁ θεός σου) zu tilgen, denn „dieser Ort, welchen Jahwe erwählen wird" ist Tautologie, darum eine Apposition zu streichen. Der ursprüngliche Zusammenhang dieser drei Verordnungen aus dem Prozessrecht, 16, 18 19—20 17, 8—13, ist jetzt durch die dazwischen geschobenen kultischen Bestimmungen 16, 21—17, 7 zerrissen, aber trotzdem noch deutlich zu erkennen. Dass übrigens die Missachtung der höchsten juristischen Autorität der Priester mit dem Tode bestraft wird, ist bemerkenswert, vgl. auch den Schluss des Gesetzes v. 12 ובערת הרע מישראל. — Die gesetzlich notwendige Zahl der Zeugen wird in 19, 15 (2.sg.) auf zwei oder drei festgesetzt (über 17, 6 = 19, 15 vgl. o. S. 6) und im Anschluss daran eine (schon mehr strafrechtliche) Bestimmung über falsche Zeugen erlassen, 19, 16—20 (2.sg.). Auch hier ist der Text verderbt. Die Idee des Gesetzes ist wie in 17, 8 ff. die, dass die Entscheidung in dem Streite der Parteien d. h. in diesem Falle des Beklagten und des „lügnerischen" Zeugen den Priestern

---

1) Andere sehen in שפט eine (verhüllende?) Bezeichnung für den König. Das ist nicht unmöglich, da es vielleicht galt, die oberste richterliche Autorität desselben gegen die Ansprüche der jerusalemischen Priester zu retten. Aber auch so bleiben die Worte späterer Zusatz, im folgenden ist nur vom Priester die Rede, wie auch aus dem nachschleppenden אל השפט v. 12a deutlich erhellt.

2. Gesetze betreffend das soziale und wirtschaftliche Leben. 15

als der höchsten Instanz (לפני יהוה v. 17 a) zufallen soll. Daher ist mindestens v. 17 b „und vor die Richter, die in diesen Tagen vorhanden sein werden" als widersinniger Zusatz zu streichen, aber auch לפני הכהנים wird als unnötiger Kommentar zu לפני יהוה sekundär sein. In v. 18 kann aus demselben Grunde ursprünglich nur הכהנים Subjekt zu ודרשו gewesen sein, und v. 19 wird statt „und ihr sollt Strafe verhängen" zu emendieren sein „und du sollst Strafe verhängen", da sonst überall die zweite Person des Singular als Anrede gebraucht ist. Auch hier erscheint am Schlusse die Formel ובערת הרע מקרבך, vgl. 19, 19 b 20 mit 17, 12 b β 14. — An diesen speziellen Fall schliesst sich mit 19, 21 (2. sg.) passend die prinzipielle Norm des Strafgesetzes an: „Leben um Leben, Auge um Auge, Zahn um Zahn, Hand um Hand, Fuss um Fuss".

β) Damit ist nun schon das Gebiet der strafrechtlichen Bestimmungen betreten, in das eine ganze Reihe von Spezialfällen hineingehört. Als das höchste zulässige Mass der Prügelstrafe setzt 25, 1—3 (2. sg.) 40 Hiebe fest mit der Begründung „damit dein Volksgenosse nicht in deinen Augen entehrt werde, wenn man ihm noch mehr Hiebe versetzt". — Zu dieser allgemeinen Verordnung könnte man vielleicht auch den 24, 16 ausgesprochenen Grundsatz hinzuziehen, dass die Strafe für ein Vergehen nur die Form individueller Haftbarkeit haben darf d. h. dass lediglich der Täter, nicht auch dessen Familie dem Strafgesetz verfallen soll. So wie das Gesetz jetzt lautet, scheint dieser Grundsatz übrigens nur für die Todesstrafe zu gelten oder er ist vielmehr wohl nur in Rücksicht auf sie legal geworden, um dem Morde Schuldloser, wie er vielleicht bei dem Institut der Blutrache häufiger vorkam, zu steuern. — Ebenso wird das stark religiös gefärbte Gesetz 21, 22—23 (2. sg.), dass ein zur Strafe des Stranges Verurteilter noch am selben Tage beerdigt werden muss, hierher gehören, wenn auch nicht zu verkennen ist, dass der Nachdruck dieser Bestimmung weniger auf der strafrechtlichen Norm des Todes durch den Strang für irgend welches Verbrechen, als auf dem religiösen Gesichtspunkt der Verunreinigung des Landes durch eine קללת אלהים beruht, als der ein Gehenkter angesehen wurde. Da aber mit diesem Gesetze wohl zugleich die Todesstrafe durch Erhenken fixiert werden soll [1]), so wird man berechtigt sein, diese Bestimmung unter das Strafrecht aufzunehmen. Man ersieht daraus, in wie inniger Beziehung im alten Israel Recht und Religion standen. Einer ähnlichen Verbindung beider in einem Gesetze werden wir nachher in der Stelle 21, 1 ff. begegnen. — Unter den konkreten Fällen des Strafrechts ist die Verordnung über den Schutz vor dem Bluträcher bei unvorsätzlichem Morde 19, 1—10 (2. sg.), die ausführlichste. Als Beispiel für einen unvorsätzlichen Todschlag ist nicht übel der Fall gewählt, dass jemand beim Holzschlagen im Walde durch das vom Stiel zufällig abspringende Eisen

---

1) Das Gesetz behandelt eigentlich nur einen Fall, der bei einer bestimmten Art der Todesstrafe, die als solche für bestimmte Verbrechen feststeht, als Begleiterscheinung sich einstellt, nämlich beim Aufknüpfen des Verbrechers. Es ist gewissermassen ein Anhangs-Paragraph zum Strafgesetz, Artikel: Todesstrafe.

der Axt seines Nächsten getötet wird. Dieser ohne Frage aus dem wirklichen Leben entnommene Fall verbietet es, in dem Gesetze nur eine juristische Phantasie zu erblicken. Aber der jetzt vorliegende Text erregt doch Bedenken. Einkleidungen der Verordnungen wie 19, 1 u. 8 haben freilich auch die meisten der Kultusgesetze und diese können als Beweis dafür gelten, mit welcher Konsequenz die deuteronomische Gesetzgebung ihren ostjordanischen Standpunkt durchführte und wohl auch durchführen musste, wenn sie, wie bekanntlich Kuenen vermutet hat, ursprünglich dazu bestimmt war, das (elohistische) Bundesbuch Ex. 21'—23, das zweifelsohne erst später aus seiner originalen Stellung (am Ende der Wüstenwanderung, vor dem Übergang Israels über den Jordan) dorthin geschoben worden ist, zu ersetzen. Aber wenn das ganze Land in drei Kreise geteilt werden soll, sodass also auf jeden Kreis eine Freistadt als Sicherheitsort vor dem Bluträcher kommt, so ist das doch selbst für das kleine Reich Juda eine mehr mathematisch genaue als den Bedürfnissen des Lebens entsprechende Vorschrift, und wie unpraktisch sie war, giebt das Gesetz selbst zu, wenn es in einer historisch motivierten Klausel (vgl. 12, 20) noch drei weitere Städte als Zufluchtsorte bestimmt. Genau so suchen der oder die Verfasser ja auch, ihre theoretisch sehr genauen, aber praktisch unbrauchbaren Vorschriften über die Zentralisation des Kultus im jerusalemischen Tempel einigermassen annehmbar zu machen, wobei es sich noch fragt, ob solche Modifikationen schon dem ursprünglichen Gesetze angefügt waren. Aber hier ist überdies das Motiv dieser mathematischen Künstelei noch deutlich zu erkennen: Aus Ex. 21, 12 ff. darf man schliessen, dass der Altar die natürliche Zufluchtsstätte vor der Rache des גאל war. Wenn es nun aber nur noch einen Altar geben sollte, was dann? Ergo wurden bestimmte Städte als Asyle festgesetzt. Aber im ursprünglichen Gesetz wohl kaum in so theoretischer Weise wie 19, 1—3 vorschlägt. Hierzu kommt, dass der Ausdruck v. 6 „dass nicht der Bluträcher dem Mörder nachsetzte und ihn, da der Weg zu weit ist, einhole und totschlage" unklar ist, denn man fragt unwillkürlich: der Weg wohin? Sollte vielleicht ursprünglich der Altar des Zentralheiligtums als einzig legitime Asylstätte vor der Blutrache bezeichnet worden sein, und dann diese blosse Theorie durch Festsetzung. bestimmter Städte als Asyle für das praktische Leben brauchbar gemacht sein? Der Vergleich von 19, 6 mit 12, 21 u. 14, 24 kann darauf führen. Es ist vorher freilich mit keinem Worte angedeutet worden, dass, weil der Weg zu einer bestimmten Stadt, die als Zufluchtsort dienen soll, zu weit ist, dafür drei solcher Städte bestimmt werden; der Ton liegt nicht auf der Bestimmung, dass nun 3 (+ 3) Städte ausgesondert werden sollen, sondern darauf, dass überhaupt die Möglichkeit gegeben wird, vor der Blutrache bei Todschlag gesichert zu sein. Doch wird die Unklarheit in der Verderbtheit des jetzigen Textes begründet sein. Endlich passt auch die Paränese v. 9 a schlecht in den Zusammenhang eines Gesetzes und reisst überdies den Nachsatz v. 10 f. unnötig von seinem Vordersatz v. 8 ab. Der Hinweis darauf, dass 19, 1—10 in seiner jetzigen Gestalt nicht ohne

2. Gesetze betreffend das soziale und wirtschaftliche Leben.

Anstoss ist, möge vorerst genügen, da im nächsten Abschnitt, bei der Vergleichung dieser Stelle mit Ex. 21, 12 ff., noch einmal darauf zurückzukommen ist. — Die natürliche Fortsetzung dieser Verordnung über die Gewährung von Zufluchtsstädten ist 19, 11—13 (2. sg.) das Gesetz über die Entziehung jenes Schutzes bei vorsätzlichem Todschlag oder Mord. In diesem Falle hat die Behörde der Vaterstadt des Mörders sogar die Pflicht, ihn aus der Zufluchtsstadt, in die er sich begeben hat, zu holen und dem Bluträcher auszuliefern, denn es gilt, das Blut des Unschuldigen „hinwegzutilgen" aus Israel (vgl. v. 13 מישראל הנקי דם ובערת). — An diesen letzteren Gedanken könnte sich recht wohl die Vorschrift 21, 1—9, über die Sühnung eines Mordes, wenn der Täter unbekannt bleibt, schliessen, die wie 21, 22 f. eine Art Anhang zum Strafgesetz, und zwar dem Teile desselben, der über Todschlag und Mord spricht, bildet. Auch hier liegt nämlich der Hauptton nicht sowohl auf der Tatsache des Todschlags resp. des Mordes, sondern auf der in einem bestimmten Falle unmöglichen rechtlichen Ahndung desselben und der alsdann als Entgelt zu schaffenden Sühne. Denn der alte Grundsatz, dass Mord Blut als Sühne erfordert, darf keine Ausnahme erleiden. Es handelt sich also auch in diesem Gesetze nur um eine, durch einen bestimmten Fall von Todschlag oder Mord (dessen Bestrafung sonst schon rechtlich normiert worden ist) hervorgerufene Begleiterscheinung. Aber der Text dieses Gesetzes ist nicht ohne Anstoss: v. 5 treten plötzlich „die Priester, die Söhne Levis" auf, weil sie göttliche Autoritäten seien und „nach ihrem Gutachten über jeden Rechtsstreit und jede Körperverletzung entschieden wird". Aber sie treten nur als Statisten auf, handelnde Personen sind nicht sie, sondern lediglich die Behörde der Stadt, die dem Leichnam des Ermordeten am nächsten liegt. Die levitischen Priester sind also hier offenbar späterer Zusatz, vermutlich von einem der ihrigen, der da meinte, Leviten wären auch bei solch einer Sühne unerlässlich gewesen [1]). Aber auch die Handlung selbst, in der diese Sühne besteht, scheint hinsichtlich ihrer Möglichkeit nicht ganz einwandfrei zu sein. Das pedantische Abmessen der Entfernung des Leichnams von den ringsum gelegenen Städten verrät wenig praktischen Sinn und schmeckt stark nach den mathematischen Konstruktionen von P, und auch die Bedingung, dass die Kuh in einem Thale mit beständig fliessendem Wasser, wo nicht geackert und gesät wird, getötet werden soll, dürfte selbst in dem gebirgigen Palästina nicht immer leicht zu erfüllen gewesen sein. Das Ganze hat den Anstrich spitzfindig-juristischer Konstruktion, einer rein akademischen Diskussion, die nur gemacht ist, um den oben erwähnten Grundsatz: Blut erfordert blutige Sühne, in allen seinen Eventualitäten zu erschöpfen. — Als Strafe für Menschenraub setzt 24, 7 (2. sg.) den Tod fest (auch hier als Schlussformel ובערת הרע מקרבך) und ebenso soll ein ungeratener, die Autorität der Eltern missachtender Sohn mit dem Tode bestraft werden 21, 18—21 (3. sg.) [2]), und

---

[1] Ob auch מעיניך v. 2 Glosse ist, lasse ich dahingestellt sein.
[2] Am Schluss ist vielleicht etwas ausgefallen, vgl. 17, 13 und 19, 20.

zwar sollen die eigenen Eltern ihn der Stadtbehörde übergeben und die Mitbürger ihn dann steinigen, denn „du sollst das Böse aus deiner Mitte hinwegtilgen." — Verhältnismässig hart ist auch die Strafe, die nach 25, 11—12 (2.sg.) eine Frau trifft, die in einem bestimmten Falle gegen das allgemeine sittliche Gefühl verstossen hat[1]). Man soll ihr erbarmungslos die Hand abhacken, mit der sie den ihren Mann beim Raufen überwältigenden Volksgenossen kampfunfähig zu machen suchte. — Hierher gehören endlich noch einige Gesetze, die allerdings sich nicht ganz dem Begriffe des Strafrechts unterordnen, insofern man sie eher dem Privat-, speziell dem Familienrecht eingliedern müsste, die aber doch in der Hauptsache strafrechtlicher Natur sind und ausserdem in so engem Zusammenhang stehen, dass sie nicht gut auseinandergerissen werden können. Den Anfang macht eine rein familienrechtliche Bestimmung über die Strafe, die den Ehemann wegen böswilliger Verdächtigung seiner jungen Frau hinsichtlich ihres früheren Lebenswandels treffen soll, 22, 13—19. Können die Eltern der jungen Frau, die als Sprecher für sie bei Gericht auftreten, den Beweis erbringen, dass ihre Tochter bis zur Verheiratung Jungfrau gewesen ist, so trifft den Ehemann ausser einer Prügelstrafe noch eine Geldstrafe von 100 Silbersekeln, die der Schwiegervater erhält, und es wird ihm das Recht der Scheidung von dieser Frau für immer abgesprochen. — Kann aber in der Tat nicht nachgewiesen werden, dass die Frau bis zu ihrer Verheiratung Jungfrau geblieben ist, so wird (22, 20—21 (2.sg.) auf Todesstrafe gegen sie erkannt, und zwar soll sie vor ihrem väterlichen Hause von den Bürgern der Stadt gesteinigt werden, „denn sie hat ein schweres Verbrechen in Israel begangen damit, dass sie im väterlichen Hause Unzucht trieb, und du sollst so das Böse aus deiner Mitte hinwegtilgen." — Mit dem Tode ist auch die Ehebrecherin und der sie zum Ehebruch verführende Mann zu bestrafen, 22, 22 (2.sg.) (am Schlusse wieder die Formel ובערת הרע מישראל). — Bei der Bestimmung der Strafe für Vergewaltigung eines schon verlobten jungen Mädchens (Notzucht) werden zwei Fälle unterschieden: hat sich der Akt in der Stadt zugetragen, so wird gegen beide, das Mädchen und den Mann, auf Todesstrafe erkannt, und zwar gegen erstere, weil sie nicht um Hülfe gerufen hat an einem Orte, wo sie Hülfe erwarten konnte, gegen den Mann aber weil er „das Weib" seines Nächsten d. h. das Mädchen, auf das ein anderer sich bereits durch Zahlung des Kaufpreises Anrecht als auf sein Weib erworben, genotzüchtigt hat, 22, 23—24 (2.sg.)[2]). Hat sich aber der Vorgang auf freiem Felde abgespielt d. h. liegt Notzucht im eigentlichen Sinne vor, so ist nur der betreffende Mann

---

1) Wenn nicht hier noch eine andere, konkretere Anschauung (Verschuldung physischer Impotenz des Mannes?) das Gesetz diktirt hat.
2) Zweimal findet sich hier die zweite Person des Plural, aber am Schluss heisst es wie sonst überall „und du sollst das Böse hinwegtilgen". Vielleicht lautete der Text ursprünglich סקלתם und והוצאתם, oder aber, was der alten Orthographie mehr entspräche: והוצאתם = אתה יציא und וסקלתם = אתה סקל. אתה יציא wäre dann Glosse u. אתה Dittographie.

2. Gesetze betreffend das soziale und wirtschaftliche Leben. 19

zu bestrafen, das Mädchen aber ist straffrei, weil man annimmt, dass sie in der Tat um Hülfe gerufen haben kann, ohne dass ihr freilich solche, nach der Natur des Ortes, zuteil geworden ist, 22, 25—27. — Dagegen wird die Notzucht bei einem nicht verlobten Mädchen sehr milde bestraft, 22, 28—29. Der betreffende Mann hat als Entschädigung 50 Silbersekel an den Vater des Mädchens zu zahlen und diese zur Frau zu nehmen mit der Bedingung, sich nie von ihr scheiden zu dürfen. —

γ) Aus dem Gebiete des Staatsrechts findet sich bezeichnender Weise nur eine Bestimmung, 17, 14—20 (2. sg.), das sogenannte Königsgesetz, das aber von der Mehrzahl der Kritiker als späterer Einsatz getrichen wird. 17, 14 f. scheint das späte Machwerk 1. Sam. 8, 5 ff. schon vor Augen zu haben und ein Gedanke wie der von v. 15 ist ein Nonsens bei einem Volke, das sich noch als nationale Einheit fühlt. Solche Ideen konnte nur das Exil reifen lassen. Als Modell zu dem König, wie er v. 16 f. beschrieben wird, hat ohne Zweifel Salomo dienen müssen. v. 18 spricht bereits von einer „Abschrift dieses Gesetzes", dessen Original die levitischen Priester in Verwahrung haben, und der König mit dem Gesetzbuch in der Hand v. 19 ist der Typus des späteren Gesetzesjuden, von dem es ψ1 heisst, er habe an der Thora Gottes Wohlfallen und grüble über seiner Thora Tag und Nacht. Die Anrede „ihr" in v. 16 verstärkt noch diese sachlichen Bedenken, und mit Recht weist Wellhausen (Komposition, Nachträge S. 353) auf 1. Sam. 10, 25 als letzte Quelle dieses Gesetzes hin. Davon, dass es schon im josianischen Gesetzbuche stand, kann mit Rücksicht auf v. 15 gar keine Rede sein.

δ) Zum Völkerrecht könnte man die beiden Verordnungen 20, 1—9 und 20, 10—20 rechnen, erstere freilich nur, soweit sie auf den Krieg Bezug hat. Sie sind beide eine Art Kriegsgesetz. 20, 1 ff. verordnet nach der allgemeinen Bemerkung, die Israeliten brauchten sich, wenn ihnen ein an Zahl überlegenes Heer im Kriege gegenüberstehe, nicht zu fürchten, da Jahwe mit ihnen sei, dass vor Beginn der Schlacht „der Priester"[1]) eine Ansprache an das Volk halten solle, in der er sie darauf hinweist, dass Jahwe für sie gegen die Feinde streite und ihnen den Sieg verleihen werde, dass sie also nicht verzagt und mutlos sein sollten (v. 2—4, 2. pl.). Das ginge noch an und könnte in der Wirklichkeit entsprechen, wenn auch „der Priester" die Sache verdächtig macht. Aber was nun folgt, ist eine baare Unmöglichkeit und man möchte fast annehmen, der Verfasser dieses Gesetzes kenne den Krieg überhaupt nur als einen theoretischen Begriff. Die שטרים sollen nämlich vor Beginn der Schlacht den Mannschaften freistellen, es könne heimkehren, wer ein Haus gebaut und noch nicht eingeweiht habe, desgleichen wer einen Weinberg gepflanzt und noch nicht Nutzen davon gehabt, wer sich eine Frau erwählt, aber noch nicht heimgeführt habe, damit ein solcher nämlich nicht im Kampfe falle und dann ein anderer in den Besitz dieser Gegenstände trete. Schliesslich soll jedem, der furchtsam

---

1) Bei P heisst Aaron öfter kurzweg „der Priester" (z. B. Num. 18, 28).

2*

1. **Die** deuteronomische G[...]

die **eigenen** Eltern ihn d[...]
ihn **d** **nn** steinigen, den
wegtil**gen**." — Verhältnis[...]
11—12**sg.**) eine Frau t[...]
egen **das** (§2.-sg.) eine Frau t[...]
ll ihr **erb** allgemeine sit[...]
beim **Raufen** mungslos die H[...]
en suchte- überwältigende
dings sich ——— Hierher gehör[...]
fern man sie **nicht** ganz dem [...]
ste, die **aber eher** doch Privat-,
ausserdem **in** doch in der I[...]
einandergerissen so engem Zus[...]
rechtliche **Bestimmung** werden könn[...]
williger **Verd**ächtigun[...]
es früheren **L**ebenswand[...]
ern der jungen Frau, die a[...]
Beweis erbring**en**, dass ih[...]
esen ist, so **trifft** den Ehe[...]
dstrafe von **100** Silberseke[...]
ihm das **Recht** der S[...]
prochen. — **Kann** a[...]
den, dass **die** Frau b[...]
ben ist, so wird (22,20
zwar soll sie vor ih[...]
lt **gesteinigt** werden,
el **begangen** damit.
du **sollst** so das Bö[...]
ist auch die Eh[...]
führ**ende Mann** z[...]
formel חי מישראל
ge**w**altigung ein[...]
t.) werden zwei[...]
lt **z**ugetragen. so
Todesstrafe erkan[...]
e **ge**rufen hat an[...]
Mann aber weil
aus ein anderer
als auf sein W[...]
sich aber der [...]
nicht im eigentl[...]

Wenn nicht [...]
Impotenz [...]
W [...]

gebung, Dt. 12—26.

adtbehörde übergeben
lu sollst das Böse aus
g hart ist auch die Str
die in einem besti
Gefühl verstossen
hacken, mit der sie de
ksgenossen kampfunfä
lich noch einige Gese
des Strafrechts unter
em Familienrecht ei
ner Natu
g stehen, dass sie nic
die den Ehemann

treffend das soziale und wi

- Kriegsgesetzes und f
stische Warnung vor der
diese Warnung im Jahre
r vorliegt, wird es schw
oen, denn es wäre für
enn man geglaubt hätte
den Bestandteile aus d
die Vernichtung des Vc
nationale Leben einge
des Kultus. Endlich hat
Schonung der nutzb
kaum das wirkliche Leb
eine Stadt nicht „lange
bliessen, vgl. auch die se
übrigens am Anfang mit L
rher werden am bester
über Reinhaltung
ung vom Kriegsdien
etze über den Krieg ha
er Phantasie des Gesetz
chen" Reinheit bis auf
dehnt werden soll, eine
kann, für den der Krie
soll freilich nicht ausge
eine alte Sitte nachklin
Jahwes, er war es, der
unter ihm gegenwärtig.
inschaft, der Jahwe als Fü
en jeweiligen Ort, an der
eilig" ansah und alles, wa
כל דבר רע v. 10). Aber
Gesetzen wie 20, 10 ff. keine
jungverheiratete Waffenpflic
gen) frei sein soll („er soll
er das Weib, das er heimg
dass durch solche Dispensa
den musste, und in der Tha
die jungen Ehemänner bei K
mehr diese werden es sich
kriege ausgeschlossen zu sei
spezifisch „deuteronomisch".
us gegen alle unter γ) und δ) b
ken erhoben werden müssen
m Deuteronomium von einer
itesten Sinne des Wortes, nic
at unbeachtet bleiben sollte.

und mutlos ist, freistehen abzutreten und heimzukehren, „damit er nicht seine Genossen mutlos mache, wie er es ist".[1]) Dann soll man die Anführer an die Spitze des Heerbannes stellen und der Kampf kann beginnen. Das ist eine baare Unmöglichkeit, ein Volk, das nach solchen Gesichtspunkten Krieg führen will, existiert nur in der Phantasie dieses Gesetzgebers, und wenn irgendworauf so passt auf diese Bestimmung, was Reuss über den Priesterkodex urteilte: „baare Fixionen, Träume eines verarmten Geschlechts." Wenn Cornill meint, Gesetze wie die in Dt. 20 vorliegenden seien am Ende doch nur aus der Zeit der nationalen Selbständigkeit Israels verständlich, so ist darauf zu erwidern, dass man mit solchen Gründen schliesslich den ganzen Priesterkodex als nur aus einer Zeit des selbständigen nationalen Kultus, d. h. aus vorexilischer Zeit verständlich erklären könnte. Dass wir es hier mit blassen theoretischen Konstruktionen zu tun haben, sollte nicht erst zu beweisen sein. Nur für v. 2—4. die sich ja auch formell durch die Anrede „ihr" abheben, muss die Möglichkeit freigelassen werden, dass in ihnen eine alte Praxis in ein neues, deuteronomistisches Gewand gekleidet vorliegt. Solche ermunternden Ansprachen vor der Schlacht hat man sicher auch im alten Israel gehalten, dafür spricht schon der Hinweis darauf, das Jahwe der Kämpfende und der Sieger über die Feinde ist. — Nicht ganz so schlimm steht es mit 20, 10 ff., einer Bestimmung über die Behandlung eroberter Städte. Gegen v. 10—14 ist nichts einzuwenden, hier wird die uralte Praxis nur in die Form eines Gebotes gekleidet sein. Denn dass die Bewohner von Städten, die im Kriege freiwillig die Thore öffnen, zu Sklaven gemacht, die Bewohner solcher Städte aber, die im Sturm erobert werden, über die Klinge springen müssen, ist eine weitverbreitete Sitte des Altertums. Vielleicht bringt v. 14 mit der Klausel, dass in letzterem Falle nur der männliche Teil der Bevölkerung dem heiligen Banne verfallen soll, während Weiber und (unmündige) Kinder als Beute fortgeführt werden sollen, eine spezifisch deuteronomistische Milderung der alten rauhen Sitte des „Bannes". Dagegen verraten sich v. 15 ff. sofort als blosse Gesetzestheorie, die Unterscheidung nach Städten entfernterer Völkerschaften und Städten der Kanaaniter hat im alten Israel keinen Boden. Überdies verrät der Zusatz v. 17 [2]) „wie dir Jahwe dein Gott befohlen hat" schon genugsam, dass hier die geschichtlich feststehende Tatsache, dass man seiner Zeit mit der kanaanitischen Urbevölkerung wo irgend möglich aufräumte, lediglich legalisiert ist. Das ganze ist überhaupt nur eine geschickte Einkleidung, durch die der Schein erweckt werden soll, als seien diese Bestimmungen wirklich von Mose vor dem Übergang über den Jordan erlassen worden. Besser konnte das Deuteronomium nicht als mosaischen Ursprungs glaubhaft gemacht werden. v. 18, der sich schon durch die Anrede „ihr" als nicht ursprünglich und Zusatz von anderer Hand erweist, ist ebenfalls nur geschickte

---

1) Zu lesen ist mit LXX: ויהי אם יִמָּס את לבב אחיו, vgl. Dillmann zur Stelle.
2) Die Aufzählung der sechs Völkerschaften in v. 17 wird wie immer Glosse sein.

2. Gesetze betreffend das soziale und wirtschaftliche Leben.

Verunständung dieses Kriegsgesetzes und fügt zu v. 16 f. nur die bekannte deuteronomistische Warnung vor den „Gräueln" der Kanaaniter hinzu. Leider kam diese Warnung im Jahre 621 zu spät. So wie das Gesetz jetzt im Text vorliegt, wird es schwerlich in dem josianischen Kodex gestanden haben, denn es wäre für jene Zeit mehr als eine Utopie gewesen, wenn man geglaubt hätte, die „kanaaitischen" d. h. überhaupt die fremden Bestandteile aus der Nation ausscheiden zu können. Das hätte die Vernichtung des Volkes bedeutet und in ganz anderer Weise in das nationale Leben eingegriffen als das Gesetz über die Zentralisation des Kultus. Endlich hat auch die Bestimmung 20, 19—20 über die Schonung der nutzbaren Fruchtbäume bei einer Belagerung kaum das wirkliche Leben für sich. Nach solchen Prinzipien kann man eine Stadt nicht „lange Zeit" belagern und durch Wälle u. dergl. einschliessen, vgl. auch die sentimentale Begründung des Verbots v. 19 b, wo übrigens am Anfang mit LXX u. a. כִּי הָאָדָם עֵץ הַשָּׂדֶה zu lesen ist. — Hierher werden am besten auch die beiden Gesetze 23, 10—15 (2. sg.), über Reinhaltung des Kriegslagers, und 24, 5, über Befreiung vom Kriegsdienste, zu ziehen sein, da es sich gerade um Gesetze über den Krieg handelt. 23, 10 ff. ist ebenfalls nur Produkt der Phantasie des Gesetzgebers, durch welches der Begriff der „levitischen" Reinheit bis auf die im Felde stehenden Mannschaften ausgedehnt werden soll, eine Reflexion, die nur jemand ernstlich anstellen kann, für den der Krieg ein blosser Begriff geworden ist. Damit soll freilich nicht ausgeschlossen werden, dass in dieser Bestimmung eine alte Sitte nachklingt. Die Kriege im alten Israel waren Kriege Jahwes, er war es, der den Heerbann führte, er war in der „Lade" unter ihm gegenwärtig. Darum ist es wohl möglich, dass man die Gemeinschaft, der Jahwe als Führer und Helfer persönlich nahe war, und den jeweiligen Ort, an dem sich diese Gemeinschaft aufhielt, für „heilig" ansah und alles, was die Gottheit beleidigen konnte, fernhielt (כָּל דְּבַר רָע v. 10). Aber allerdings konnte man im alten Israel mit Gesetzen wie 20, 10 ff. keinen Krieg führen. — Gegen 24, 5, wonach der jungverheiratete Waffenpflichtige vom Felddienste (und sonstigen Leistungen) frei sein soll („er soll ein Jahr lang frei sein für sein Haus, damit er das Weib, das er heimgeführt hat, erfreue"), liesse sich einwenden, dass durch solche Dispensationen der Heerbann stark geschwächt werden musste, und in der That wird man in der älteren Zeit schwerlich die jungen Ehemänner bei Kriegszügen daheimgelassen haben oder vielmehr diese werden es sich schwerlich haben gefallen lassen, vom Kriege ausgeschlossen zu sein. Diese fast weichliche Humanität ist spezifisch „deuteronomisch".

Da übrigens gegen alle unter γ) und δ) behandelten Gesetze schwerwiegende Bedenken erhoben werden müssen, so ist schon jetzt klar, dass man beim Deuteronomium von einer „politischen Gesetzgebung" (Reuss), im weitesten Sinne des Wortes, nicht sprechen darf, ein Umstand, der nicht unbeachtet bleiben sollte.

b) Unter den Bestimmungen aus dem Privatrecht mögen
α) die auf das Familienrecht, und zwar näher das Eherecht.
bezüglichen voranstehen. Hier kommen zu den bereits oben unter aβ
(S. 18 f.) behandelten Gesetze noch folgende hinzu: 24, 1—4 (2. sg.),
über Ehescheidung und Wiederverheiratung. Es wird bestimmt,
dass ein Mann, der sich von seiner Frau geschieden hat, sich nicht mit
dieser wiederverheiraten darf, wenn sie inzwischen mit einem andern
Mann (der sich entweder gleichfalls von ihr geschieden hat oder
gestorben ist) die Ehe eingegangen hat. Sie erscheint nämlich durch
diese zweite Ehe als „verunreinigt", vgl. auch die Schlussformel „denn
das gilt als Gräuel vor Jahwe und du sollst das Land, das dir Jahwe
dein Gott giebt, nicht verunreinigen" [1]). — Die bekannte Institution
der Schwagerehe wird 25, 5—10 gesetzlich normiert; ein Zwang zur
Heirat der Schwägerin scheint hiernach nicht bestanden zu haben, da
die Weigerung, diese Pflicht der kinderlosen Frau des verstorbenen
Bruders zu erfüllen, auch nicht eigentlich mit Strafe belegt ist, sondern
der Betreffende nur öffentlich dem Spott und der Schande preisgegeben
wird, vgl. den Spottnamen „Barfüsserfamilie" (בית חלוץ הנעל). Diese
Sitte findet sich übrigens auch anderweitig im Orient. — 23, 1 enthält
ein kurzes bedingungsloses Verbot des Incestes, das in gewisser
Weise hierher gezogen werden kann: es darf niemand das Weib seines
Vaters heiraten oder überhaupt seines Vaters „Gewandzipfel" aufheben
d. h. eben seines Vaters Frau(en) ehelichen. — In enger Verbindung
scheinen die beiden Gesetze 21, 10—14 (2. sg.), über das Recht der
kriegsgefangenen Nebenfrau, und 21, 15—17 über das Erstge-
burtsrecht, zu stehen. Ersteres schützt die Nebenfrau vor etwaiger Will-
kür des Mannes, der sie nicht mehr leiden mag, durch das Verbot, dass
sie (nach vollzogener Ehe) nicht wieder als Gefangene verkauft werden
darf, letzteres sucht für den Fall der Polygamie, das Erbrecht des
erstgeborenen Sohnes, auch wenn er nicht von der Lieblingsfrau stammt,
streng zu wahren, indem es bestimmt, dass dieser auf jeden Fall die
Rechte des Erstgebornen d. h. zwei Drittel von allem Erbbesitze zu
beanspruchen hat. Diese Bestimmung ist also zugleich erbrechtlicher
Natur. — Wie im römischen Recht wurden auch im alten Israel die
Sklaven als res betrachtet. Die Bestimmungen über sie fallen also
ins Gebiet des Sachenrechts, insofern sie aber zum sachlichen Familien-
besitz gehören, stehen sie auch mit dem Familienrecht in naher Beziehung.
Das Deuteronomium enthält zwei Gesetze über sie: 15, 12—18 (2. sg.)
bestimmt, dass der hebräische Sklave [2]) nach sechsjähriger Dienstzeit
frei zu lassen ist, und zwar soll ihm sein Herr ein hinreichendes Ge-
schenk an Naturalien bei seiner Entlassung mitgeben. Verzichtet der
Sklave aber freiwillig auf dieses Recht der Freilassung nach sechs
Jahren, so soll er durch ein zeremonielles Verfahren für immer an die
Familie seines Herrn gebunden werden: es ist das die israelitische Form

---

1) Statt לא תשוב v. 4 b wird nach LXX (καὶ οὐ μιανεῖτε) לא תטמא zu
lesen sein, vgl. Ez. 36, 17.
2) Da immer nur von dem männlichen Sklaven die Rede ist, wird v. 12
העבריה und v. 17 b כן תעשה לאמתך ואף späterer Zusatz sein.

2. Gesetze betreffend das soziale und wirtschaftliche Leben.

der adoptio d. h. der Aufnahme in die Familiengemeinschaft[1]). Der Text der Stelle ist stark mit Paränesen durchsetzt, auch nicht ganz intakt geblieben: v. 18 gehört ohne Frage hinter v. 14. Dann stossen sich aber die vielen Paränesen und man wird mindestens v. 18 b entbehren können, also: „wenn sich dir ein Volksgenosse, ein Hebräer als Sklave verkauft hat, soll er dir sechs Jahre dienen, im siebenten Jahre aber sollst du ihn freilassen. Und wenn du ihn freilässt, sollst du ihn nicht mit leeren Händen ziehen lassen: gieb ihm ein gehöriges Geschenk von deinen Schafen, deiner Tenne und deiner Kelter mit. Womit dich Jahwe dein Gott gesegnet hat, davon gieb ihm. Und wenn du ihn frei lassen musst, so soll dir das nicht hart erscheinen, denn den doppelten Lohn eines Tagelöhners hat er dir sechs Jahre lang erarbeitet. Denke daran, dass auch du Sklave in Ägypten warst und dass dich Jahwe dein Gott erlöst hat; darum befehle ich dir heute solches" etc. (v. 16 f.). — Das andere Gesetz, 23, 16—17 (2. sg.), über entlaufene Sklaven, setzt fest, dass ein Sklave, der sich vor seinem Herrn geflüchtet hat, nicht ausgeliefert zu werden braucht. sondern ohne Belästigung da bleiben darf, wohin er geflohen ist d. h. doch wohl in dem Hause irgend eines andern. Auch hier ist der Text nicht einwandfrei, denn die fünffache lokale Bestimmung v. 17 ist selbst im wortreichen Deuteronomium des guten zu viel. Vielleicht darf man in dem ἐν ὑμῖν κατοικήσει von LXX (= בקרבך) ein Zeichen erblicken, dass diese Bestimmung späterer Zusatz ist. Sie ist übrigens auch schon darum verdächtig, weil בקרבך sonst immer im Deuteronomium „in deinem Volke" oder „in deinem Lande" bedeutet, hier aber schwerlich von ausländischen Sklaven die Rede sein kann. Das Gesetz an sich ist eine dem wirklichen Leben wohl kaum Rechnung tragende Beschränkung des Eigentumsrechtes[2]) und wohl nur ein Produkt der Humanitätsbestrebungen des Deuteronomiums. —

β) Das Obligationen- und Pfandrecht ist durch folgende drei Bestimmungen vertreten: 23, 20—21 (2. sg.)[3]) verbietet das Zinsnehmen bei Verleihung irgend einer auf Zinsen leihbaren Sache an einen Volksgenossen, während von dem Ausländer Zinsen genommen werden dürfen. — 24, 10—13 (2. sg.) verbietet, dass man ein Pfand für irgend welches Darlehen im Hause des Schuldners erhebt, dieser soll es vielmehr dem Gläubiger auf die Strasse hinausbringen. Ist der Schuldner überdies ein armer Mann, so soll ihm das Pfand, unter dem in diesem Falle das Oberkleid gedacht ist, vor Sonnenuntergang zurückgegeben werden, „damit er sich in seinem Kleide schlafen legen kann

---

1) Zur Sache vgl. auch Schwallys Bemerkungen ZatW 1891 S. 181 f.
2) Da nicht anzunehmen ist, dass der Sklave, der sich durch Flucht dem Machtbereich seines Herrn entzogen hat, nun überhaupt aufhört Sklave zu sein (dagegen scheint mir schon der Zusatz יתנו אל zu sprechen), so würde der, zu dem er sich geflüchtet hat, sich durch Ausnutzung seiner Arbeitskraft einen unberechtigten Eingriff in das Eigentum seines Nächsten erlauben.
3) v. 20 wird nach älteren Vorgängern תשׁיך zu lesen sein.

und dich segne". Die Sprache ist in dieser Klausel (v. 12 f.) von fast rätselhafter Kürze. es wird a priori vorausgesetzt, dass von dem Armen das Oberkleid als Pfand zu erheben ist, vgl. Ex. 22, 25 f. Doch ist kein Grund vorhanden, eine Textverderbnis anzunehmen. — 24, 6 endlich verbietet Gegenstände, die zum Lebensunterhalt dienen, als Pfand zu nehmen, nämlich die Handmühle oder den oberen Mühlstein. Bemerkenswert ist, dass hier und 24, 17 für „pfänden" חבל, 24, 10 ff. aber עבט (letzteres noch zweimal im Dt., 15, 6 u. 8, sonst im A.T. nicht) gebraucht ist.

Aus formellen Gründen möchte ich hieran das Gesetz 25, 13—16 (2. sg.), über richtiges Mass und Gewicht, anschliessen, das freilich der Sache nach eher zu den unter a) aufgeführten Bestimmungen gehört. Durch das bedingungslose Gebot „du sollst nicht" wird dieses aber mehr zu einer moralischen als zu einer strafrechtlichen Bestimmung. Auch dieses Gesetz wird mit dem Gedanken begründet, dass der Übertreter desselben eine תועבת יהוה sei¹).

γ) Bei den wenigen bisher noch nicht besprochenen Verordnungen aus dem Gebiet des Privatrechts wird man auf genauere Klassifizierung verzichten müssen. Sie mögen daher hier am Schlusse nach sachlichen Gesichtspunkten geordnet zur Sprache kommen. 19, 14 (2. sg.) enthält ein Verbot über Grenzverrückung (Nachbarrecht). — 23, 25—26 (2. sg.) und 22, 1—4 (2. sg.) handeln über den Schutz des Eigentums des Nachbarn und über die, durch den sittlichen Gesichtspunkt der Humanität gebotene Fürsorge für dasselbe. — 22, 5 verbietet Männertracht für Weiber und Weibertracht für Männer, weil das ein „Gräuel" für Jahwe sei. — 22, 6—7 (2. sg.) ist eine Art Jagd-Polizeigesetz und bestimmt, dass, falls man unterwegs ein Vogelnest mit Jungen (oder Eiern) trifft, auf denen die Mutter sitzt, nur die Jungen mitgenommen werden dürfen, während man die Mutter fliegen lassen soll, „damit es dir wohlgehe und du lange lebest" — eine Verordnung, die wohl schwerlich in ein Staatsgrundgesetz aufgenommen werden konnte. — 22, 8 (2. sg.) verlangt zur Verhütung von Unglücksfällen ein Geländer um das Dach des Hauses, ist also ebenfalls eine rein polizeiliche Vorschrift. — 22, 9 10 und 11 (2. sg.) verbieten zweierlei Pflanzung im Weinberge, verschiedene Zugtiere vor dem Pfluge und Kleider, die aus verschiedenem Stoffe gewirkt sind²). Von 22, 11 ist die Verordnung 22, 12 (2. sg.) nicht zu trennen, derzufolge Quasten an den vier Zipfeln des Oberkleides zu tragen sind. — 25, 4 (2. sg.) sorgt für humane Behandlung auch der Tiere (der Ochse soll beim Dreschen keinen Maulkorb tragen).

---

1) v. 15 b wird als Glosse zu streichen sein.
2) Zu שעטנז und überhaupt zu Dt. 22, 9—11 vgl. Dillmann zu Lev. 19, 19. Alle Berührungen der Gesetze in Lev. 17—26 mit Dt. wie auch mit Ex. 20 ff. (vgl. Cornill § 10 u. § 14) finden übrigens darin ihre hinreichende Erklärung, dass dieses Gesetzeskorpus (Pʰ) mit Bewusstsein den Stoff seiner Vorgänger benutzt: es enthält vielfach altes Gut in neuer Schale. An diesem Verhältnis zwischen Dt. u. Pʰ kann aber, wie auch Cornill hervorhebt, die eine Stelle Dt. 22, 9 ff. — Lev. 19, 19 (vgl. besonders בלאים und שעטנז), die nicht blos eine sachliche, sondern auch eine formale Parallele bildet, nichts ändern. — Vgl. jetzt Baentsch, d. Heiligkeitsgesetz (Erfurt 1893), besonders S. 75—81 98—103 u. 116 f.

2. Gesetze betreffend das soziale und wirtschaftliche Leben.

Charakteristisch für das Deuteronomium sind endlich die Gesetze über die Fürsorge für die Armen und Unmündigen. Ein dahin zielendes Gesetz war schon oben unter 1d besprochen worden (14, 28 f. 26, 12 ff.); hier kommen noch folgende beiden dazu: 15, 1—6 (2. sg.), von 14, 28 f. nicht zu trennen, handelt über das sogenannte „Erlassjahr", als welches das siebente Jahre bezeichnet wird. In diesem, Jahwe zu Ehren festgesetzten Erlassjahre, soll jeder Gläubiger seinem Schuldner das Handdarlehn erlassen und darf ihn nicht mahnen, wenn er ein Volksgenosse ist, während der Ausländer gemahnt werden darf [1]). Daran knüpft sich unter Voranstellung des Themas: „es wird aber keine Armen unter dir geben" eine längere Paränese v. 4—6. Nun spricht aber 15, 7—8 (2. sg) deutlich über bereitwillige Armenunterstützung, widerspricht also v. 4a in auffallendster Weise, und ebenso verlangt 15, 9—11 (2. sg.) bereitwillige Armenunterstützung im Erlassjahr. Was hat aber das Erlassjahr, wie es v. 2 f. beschrieben wird, mit der Unterstützung der Armen zu thun? Hier liegt also ein Geröll von unvereinbaren Gesetzen vor und erst der Hinweis auf Ex. 23, 10 u. 11 schafft Klarheit: 15, 1—6 hat weder mit 15, 7 f. noch mit 15, 9—11 sachlich irgend etwas zu tun, aber auch letztere beiden Bestimmungen sind einander ausschliessende Parallelen. Den Kopf zu 15, 9 ff. kann nur eine Ex. 23, 10 f. inhaltlich parallele Verordnung über das siebente Jahr in Bezug auf die Bestellung des Landes gebildet haben: sechs Jahre soll man Acker, Weinberg und Olivengärten bestellen, im siebenten Jahre aber gehört der Ertrag derselben den Armen. „Hüte dich aber wohl, dass nicht in dir ein nichtswürdiger Gedanke aufsteige, nämlich etc." (v. 9 f.) [2]) Auf diese Weise erhält man in 15, 9 f. ein genaues Pendant zu dem Gesetz 15, 12—18 über die sechsjährige Dienstzeit des Sklaven und seine Freilassung im siebenten Jahre. 15, 7 f. aber hat in v. 11 seine Fortsetzung und fordert die Armenunterstützung ohne Beziehung auf das Erlassjahr. Freilich sind diese Abschnitte unter sich sprachlich verwandt, vgl. עבט v. 6 u. v. 8, אחיך האביון v. 7 u. v. 9, aber die sachlichen Gründe sind doch ausschlaggebend. Nach 14, 28—29 erwartet man nicht eine Verordnung, dass im siebenten Jahre das Pfandrecht suspendiert werden soll, sondern dass, wie im dritten Jahre der Zehnte an die Leviten [3]) fällt, so im siebenten Jahre der Ertrag des Feldes den Armen überlassen wird, wie ja auch Ex. 23, 11 vorausgesetzt ist. Zur Not liesse sich allerdings die Einheit von v. 7—11 dadurch aufrecht erhalten, dass man die Beziehung auf das Erlassjahr v. 9 als Interpolation streicht und in v. 7—11 eine allgemeine Verordnung über Armenunterstützung erblickt, aber die Bezeichnung des Armen als אביון weist doch deutlich auf das Bundesbuch als Vorlage für diese Stelle hin; das Deuteronomium sorgt sonst nicht für die אביונים sondern für

---

1) 15, 3 scheint auf 23, 20—21 hinzublicken oder steht wenigstens 23, 20 f. in seiner Anschauung vom Rechte des Ausländers sehr nahe.
2) משמטה שנת wird aus 15, 1 erst in v. 9 eingesetzt sein.
3) Wenn nämlich 14, 29 aβ nachgetragen sein sollte.

"Leviten, Fremdling, Waise und Witwe." — Für letztere als personae miserabiles sorgt auch 24, 17—22 (2. sg.): ihnen vor allem soll gerechter Rechtsspruch zu teil werden, man soll der Witwe nicht das Kleid pfänden und man soll diesen Personen die Nachlese von der Getreideernte, den Oliven und dem Weinberg überlassen. Alle vier Bestimmungen gehören eng zusammen, v. 19—21 im besonderen aber scheinen sich mit 14, 28—29 zu stossen. Denn wenn dort bereits durch den je drittjährigen Zehnten alles Ertrages für dieselben gesorgt wird, so erscheint 24, 19 ff. überflüssig und umgekehrt. Indessen darf man wohl der Gesetzgebung in dieser Hinsicht eher ein zuviel als ein zuwenig zutrauen, und sachlich können die Gesetze wohl nebeneinander bestanden haben. Der Wirklichkeit mehr entsprechend dürfte aber 24, 19 ff. sein, da, wie schon oben gesagt wurde, die Zehnten des je drittjährigen Ertrages wohl nur den Leviten zufallen sollten, eine Vorschrift, die sich mit 14, 22 ff. (s. o. S. 8) leidlich vertragen könnte. — Hierher gehört endlich noch 24, 14—15 (2. sg.), ein Gesetz, welches bestimmt, dass dem armen Tagelöhner, gleichviel ob er Volksgenosse oder Ausländer ist[1]), der Lohn gleich am Abend auszuzahlen ist, „denn er ist arm und verlangt danach, sonst möchte er Jahwe wider dich anrufen und du machst dich eines Vergehens schuldig." Letztere Begründung findet sich u. a. schon 15, 9, doch wird man darin nicht ohne weiteres ein Zeichen für die Abstammung beider Gesetze von demselben Verfasser sehen dürfen, ebenso bei der Wendung על כן אנכי מצוך (15, 11 24, 18 22). Auf diese formale Seite der deuteronomischen Gesetze wird unten noch einmal zurückzukommen sein.

Verhaltungsmassregeln für den Fall des Aussatzes giebt 24, 8—9: man soll sich genau den Vorschriften der levitischen Priester fügen, die diese von Jahwe erhalten haben. Damit ist auf traditionelle (mündliche oder schriftliche) Verordnungen über den Aussatz hingewiesen[2]). Der Text des Gesetzes kann, wie der Wechsel der Anrede (du — ihr, du — ihr) beweist, nicht original sein. Auch LXX weist darauf hin, dass hier zwei verschiedene Lesarten zusammengeworfen sind.

25, 17—19 endlich scheint auf Ex. 17, 8 ff. (E) zurückzugehen und passt herzlich schlecht in die Gesetzgebung cap. 12 ff. hinein. Auch bieten weder die jehowistische Erzählung noch die Einleitung zum Deuteronomium cap. 1 ff. irgend welchen Rückhalt für die historische Reminiszenz in 25, 17 ff. Jene hat freilich hier und da Daten, die über den Stoff von JE hinausweisen. Den textlichen Anstoss der 2. Person Pluralis in v. 17 a beseitigt LXX durch die Übersetzung ἐκπορευομένου σου ἐκ γῆς Αἰγύπτου. Das wird richtig sein, da בצאתכם auf Dittographie des מ beruhen kann. —

Über das Nachwort 26, 16—19 vgl. unten: III, 2 Anfang.

---

1) Mit LXX ist בארצך zu streichen.
2) LXX liest allerdings v. 8 b ὃν τρόπον ἐνετειλάμην ὑμῖν φυλάξασθε ποιεῖν; damit wird natürlich der Nachsatz: „wie auch die levitischen Priester lehren" ausgeschlossen.

Anhang: Die Form der Gesetze in Dt. 12—26.

Zum Schlusse noch einige Bemerkungen über die Form, in der die soeben analysierten Gesetze des Deuteronomiums vorliegen. Zunächst ist zu konstatieren, dass sich die deuteronomische Gesetzgebung mit Ausnahme des Grundgesetzes über die Zentralisation des Kultus in cap. 12 sowie der Abschnitte 13, 1 ff. 13, 8 14, 1 ff. 17, 16 b 18, 15 b 19, 19 20, 2 ff. 20, 18 22, 24 23, 5 a 24, 8 f. 25, 17 und einiger weniger Stellen, in denen die 3. Person Sing. erscheint, mit der Anrede „du" an das ganze Volk wendet, und dass oben genannte Stellen in welchen das Volk mit „ihr" angeredet wird, zum grössten Teil als Textfehler oder spätere Zusätze zu erweisen sind. Da nun aber gerade die Grundforderung des Deuteronomiums in zwei durch die Wahl der Anrede verschiedenen Formen vorliegt und andrerseits auch einige die pluralische Anrede verwendende Abschnitte nicht recht als Glossen oder textlich verdorbte Stellen verständlich zu machen sind, so muss angenommen werden, dass mindestens die Kultusgesetzgebung des Deuteronomiums schon früh in einer singularischen und einer pluralischen Form existierte, dass aber nur erstere Form der Gesetzgebung im Grossen und Ganzen vollständig auf uns gekommen ist — eine These, die in der Tatsache, dass sich auch in dem historisch-paränetischen Rahmen dieser Gesetzgebung eine singularische und eine pluralische Redeform nachweisen lässt, eine bemerkenswerte Stütze findet.

Eine besondere Beachtung verdienen aber auch diejenigen Gesetze, in denen ganz abweichend von diesem sonstigen Gebrauche der Anrede die 3. Person Singularis erscheint, da sie dadurch den Rechtssatzungen in Ex. 21 ff., dem sogenannten „Bundesbuche", formell gleichstehen: (18, 3) 21, 15—17 21, 18 ff. 22, 13 ff. (23, 1—4) 24, 1 ff. 24, 5 6 7 16 25, 1 ff. 25, 5 ff. Überhaupt stimmen das Deuteronomium und die in Ex. 21 ff. vereinigten Gesetze darin über, dass hier wie dort die Bestimmungen teils bedingte, mit כי eingeleitete, teils bedingungslos ausgesprochene („Du sollst . . . .") sind. Auch weist das Deuteronomium Parallelen zu so juristisch scharf ausgeführten Gesetzen wie Ex. 21, 28 ff. u. a. auf, vgl. Dt. 24, 1 ff. 25, 5 ff.

Endlich ist eine ganze Reihe von Wendungen zu konstatieren, die gewissermassen als Refrain bei bestimmten Gesetzen wiederkehren. So findet sich bei den auf den Kultus bezüglichen Gesetzen 16 mal die

Formel (בי) מקום אשר יבחר יהוה(ה): 12, 5 11 18   12, 26   14, 23 24
15, 20   16, 2   16, 6 (zweimal) 16, 11   16, 15   16   17, 10   18, 6   26, 2.
Eng damit verbunden erscheinen die Wendungen אתה ובנך ובתך ועבדך
ואמתך, und zwar diese in den verschiedensten Variationen: 12, 12 18
14, 26   15, 20   16, 11 14   26, 11, und הטמא והטהור יאכלנו כצבי וכאיל
12, 15 22   15, 22. Anderer Art sind die Ausdrücke: לא תחוס עינך 13, 9
19, 12 21   25. 12 — חיה בך חטא 15, 9 (19, 10 והיה עליך דמים) 23, 22
24, 15 — 15, 11 15   19, 7   24, 18 22 — וכל ישראל כל כן אנכי מצוך
ישמעו ויראו ולא יוספו לעשות כדבר הרע הזה und ähnliches 13, 12 17, 13
19, 20   21, 21. Letztere Wendung findet sich fast regelmässig verbunden
mit einer andern, die für das Deuteronomium ebenso charakteristisch
ist wie die unermüdliche Betonung der lokalen Einheit des Kultus,
nämlich der Phrase ובערת הרע מקרבך 13, 6   17, 7   17, 12   19, 19   21, 21
22, 21 22   22, 24   24, 7; vgl. auch 19, 13 ובערת דם הנקי מישראל und
21, 9 ובערת דם הנקי מקרבך. Und mit dieser gleichbedeutend ist
die Wendung, es sei etwas תועבת יהוה, „ein Gräuel vor Jahwe": 12, 31
(hier noch der Zusatz אשר שנא) 17, 1   22, 5   23, 18 f.   24, 4   25, 16;
vgl. auch 16, 22 das blosse אשר שנא, ferner 18, 9   14, 3 u. 21. —

II. Das Deuteronomium und die Gesetzgebung in JE.

Die Analyse der in Dt. 12—26 zusammengestellten Gesetze hat gezeigt, dass hier verschiedene Hände tätig gewesen sein müssen. Es erhöbe sich daher jetzt die Aufgabe, nach Ausscheidung alles dessen, was sich mit einigem Grade von Sicherheit als nicht original erweisen lässt, die Gesetze nach denjenigen Gesichtspunkten zu gruppieren, die sich aus der Sache selbst, besonders nach ihrer formalen Seite, ergeben und damit eine Entscheidung über die Frage nach dem ursprünglichen Bestande der eigentlichen Gesetzgebung des Deuteronomiums herbeizuführen. Aber gerade diese Aufgabe wird von einer andern nicht zu trennen sein, nämlich der Untersuchung des uns erhaltenen Gesetzeskörpers, auf den das Deuteronomium nach dem einstimmigen Urteil der Kritik als Vorlage zurückblickt. Ehe also jene Frage nach dem ursprünglichen Bestande der Gesetzgebung von cap. 12 ff. in Angriff genommen werden kann, ist über die noch jetzt erkennbare literarische Vorlage derselben in kurzem Rechenschaft zu geben.

Als solche wird jetzt fast ausnahmslos lediglich das bereits oben erwähnte Bundesbuch Ex. 21—23, eine in E aufgenommene ältere Gesetzessammlung, angesehen. Aber gerade dieses ist noch immer das Thema lebhafter Kontroversen und gehört ohne Frage mit zu den schwierigsten Materien der Pentateuchkritik. Der augenblickliche Stand der Erörterungen und des Verfassers eigene Anschauungen mögen also zunächst kurz skizziert werden.

Als ausgemacht darf dabei wohl vorangestellt werden, dass erstlich das sog. Bundesbuch Ex. 21—23 in sein Geschichtsbuch aufgenommen, aber nicht von ihm verfasst ist[1]), dass sich ferner der Dekalog Ex. 20 und dieses Bundesbuch miteinander stossen und ursprünglich nichts miteinander zu tun haben. Sicher ist aber auch, dass dieses Bundesbuch unter den Händen der Redaktion stark gelitten hat und nur als Torso erhalten ist. Doch lassen sich die Grundzüge noch deutlich genug erkennen, um danach wenigstens eine Wiederherstellung versuchen zu dürfen.

---

1) Hier entscheidet vor allem einmal der Sprachgebrauch, mit dem man sonst nicht vorsichtig genug operieren kann (vgl. Kuenen, Dillmann, Jülicher). Meine frühere, noch in der Kritik von Baentsch's fleissigem „Bundesbuch" (Z. f. wiss. Theol. 1892, XXXVI, 2) vertretene Anschauung habe ich nach wiederholter Prüfung aufgegeben.

1) Die Gesetzgebung der Quelle J liegt, wie allgemein anerkannt wird, in Ex. 33 u. 34, und zwar in Überarbeitung meist von R^d vor, und ist eine Opfer- und Festgesetzgebung. Hier interessiert nur der Dekalog in Ex. 34, den Wellhausen jetzt folgendermassen rekonstruiert hat:

I. Du sollst keinen fremden Gott anbeten. (34, 14 a)
II. Du sollst dir keine Gussgötter machen. (34, 17)
III. Du sollst das Massothfest feiern. (34, 18 aα)
IV. Alle Erstgeburt ist mein. (34, 19 a).
V. Und das Fest der Wochen sollst du feiern, (34, 22 aα)
VI. Und das Fest der Lese zur Jahreswende. (34, 22 b)
VII. Du sollst nicht mit Saurem das Blut meines Opfers vermischen. (34, 25 a)
VIII. Das Fett meines „Festopfers" soll nicht bis zum andern Morgen übrig bleiben [1]). (34, 25 b)
IX. Das Beste der Erstlinge deiner Flur sollst du zum Hause Jahwes deines Gottes bringen. (34, 26 a)
X. Du sollst das Böckchen nicht in der Milch seiner Mutter kochen. (34, 26 b).

Hierbei muss allerdings dahingestellt bleiben, ob diese Reihenfolge der ursprünglichen Ordnung entspricht. Mir ist das unwahrscheinlich. Klar ist jedenfalls, dass es sich lediglich um eine Kultusgesetzgebung, nicht um zivil- und strafrechtliche Bestimmungen handelt. Dass J ursprünglich auch solche gehabt habe, ist durch nichts angedeutet.

Nun hat Budde[2]) darauf aufmerksam gemacht, dass in Ex.34,18 durch אשר תצוך auf die Passahgesetzgebung in Ex. 12, 21—27 13, 3 ff. hingewiesen werde und dass die Möglichkeit offen zu lassen sei, dass Ex. 34 und Ex. 13 untereinander ausgeglichen worden seien und zwar wohl schon innerhalb von J selbst. Denn in Ex. 12 u. 13 liege, wie besonders aus sprachlichen Gründen hervorgehe, die jahwistische Quelle vor und zwar werde hier das Institut der Passahfeier gesetzlich festgelegt. Indessen dürfte dieses Urteil auf Ex. 12, 21—27 einzuschränken sein, abgesehen natürlich von der deuteronomistischen Überarbeitung in v. 24—27 a. In 13, 3—16 aber kann schwerlich ursprüngliches Eigentum von J vorliegen. Wellhausen macht mit Recht vor allem geltend, dass eine Belehrung über den Passahritus bei dem in aller Eile erfolgenden Auszug höchst ungeschickt und unnatürlich wäre. Zu diesem sachlichen Bedenken kommt das formelle, dass Mose, 12, 21 ff. „ihr" als Anrede gebraucht, während gerade hier an der wichtigeren Stelle 13, 12 ff. die Anrede „du" erscheint, und überhaupt wechselt die Person in 13, 3 ff. Die Kasuistik in v. 12 ff. weist auf eine spätere Hand hin, ebenso die Auslösung der menschlichen Erstgeburt, die schwerlich der Anschauung von J entspricht. Das Ganze ist redaktionelle Arbeit, dem Deuteronomium nahestehend[3])

---

1) Nach Ex. 23, 18: הבקר עד.
2) ZatW. 1891 S. 193 ff.
3) Vgl. Dt. 16, 1 ff.

1. Der Dekalog des Jahwisten.

dem ja auch der Ausdruck חדש האביב geläufig ist. Als Kennzeichen für J kann dieser also hier nicht wohl verwertet werden. Näher liegt alsdann das Verhältnis zwischen Ex. 34 u. Ex. 13 so, dass erstere Stelle aus letzterer von späterer Hand ergänzt worden ist, wie eben der Rückweis mit אשר צויתך an die Hand giebt. Dann wird aber auch — und das ist die Hauptsache — die Verquickung von Massothfest und Erstgeburtsopfer d. h. dem alten Passahfest in der Einarbeitung des sekundären Abschnittes Ex. 13, 3 ff. in Ex. 34 seine Ursache haben und die Lesart „und das Opferfleisch des Passahfestes" v. 25 gegen die absichtliche Korrektur in Ex. 23, 18 aufrecht zu halten sein. Und von hier aus liesse sich der jahwistische Dekalog folgendermassen ausscheiden:

I. Du sollst keinen fremden Gott anbeten.
II. Du sollst dir keine Gussgötter machen.
III. Alle Erstgeburt ist mein.
IV. Du sollst das Massothfest feiern.
V. Und das Fest der Wochen sollst du feiern,
VI. Und das Fest der Lese zur Jahreswende.
VII. Du sollst nicht mit Saurem das Blut meines Opfers vermischen.
VIII. Das Fett vom Opfer des Passahfestes soll nicht bis zum andern Morgen übrig bleiben.
IX. Das Beste der Erstlinge deiner Flur sollst du zum Hause Jahwes deines Gottes bringen.
X. Du sollst das Böckchen nicht in der Milch seiner Mutter kochen.

Auf diese Weise würde das Passah noch den andern, auf den Ackerbau beruhenden drei Festen als selbständige Kultusübung gegenüberstehen, dieser Dekalog also einer Zeit zuzuweisen sein, in der jenes alte Frühlingsfest der nomadisierenden Stämme noch geschichtlich unvermittelt neben den auf kanaanäischem Boden erwachsenen Bauernfesten seine Geltung hatte. Aber freilich würde der erste Anstoss zu jener den Späteren ganz geläufigen Verschmelzung von Passah und Massoth bei J selbst zu suchen sein, wenn nämlich Ex. 12, 34 „und das Volk nahm den Brotteig mit, ehe er noch durchsäuert war, und sie hatten ihre Backtröge in ihre Mäntel gewickelt auf der Schulter" wirklich aus dieser Quelle stammt. Da aber J sonst stets nur den Auszug mit dem von Jahwe gebotenen Feiern eines Festes in der Wüste motiviert, also das alte Passah voraussetzt und historisch zu erklären sucht, so darf wohl angenommen werden, dass er es auch noch für seine Zeit als selbständiges Fest kannte, wenn auch vielleicht schon in beginnender Verquickung mit dem Massothfest. Dass das Passah übrigens gerade mit diesem agrarischen Frühlingsfeste zusammengeworfen wurde, spricht dafür, dass auch das alte Passah in diese Jahreszeit fiel. Denn wenn die alte Überlieferung den Auszug aus Ägypten durch dieses Fest erklären will und ihn dabei in den Frühling verlegt, so heisst das doch nur, dass das Passah in den Anfang des Jahres gehört.

Auch die Anordnung der einzelnen Gebote ist dann sachgemässer. An die Spitze gestellt ist das Grundgesetz der nationalen Religion Israels, die Monolatrie Jahwes, an das sich als kultische Bestimmung das Verbot schliesst, keine Gussbilder zu machen. Vermutlich soll damit gegen den spezifisch kanaanitischen Kultus polemisiert werden. Darauf folgt die eigentliche Festgesetzgebung, Passah-Massoth, Kasir, Asiph, und im Anschluss an diese vier Feste vier auf sie bezügliche kultische Bestimmungen. Es war nötig, diese Bemerkungen über die Gesetzgebung der jahwistischen Erzählung voraufzuschicken weil sie für die Erörterungen über das Bundesbuch von grundlegender Bedeutung sind.

2) Dieses Bundesbuch nun d. h. die in Ex. 20, 24—23, 19 verarbeitete Gesetzgebung, auf Grund deren ein Bund zwischen Jahwe und dem Volke zustande kommt (vgl. Budde ZatW 1891 S. 193 ff.), enthält wie Dt. 12—26 Bestimmungen über Religion und Kultus und Bestimmungen, die die verschiedenen Verhältnisse des sozialen Lebens ordnen sollen, und auch hier bilden diese, verschiedene Materien behandelnden Gesetze ein wirres Durcheinander. Da die zuletzt genannten Bestimmungen 21, 3 als משפטים bezeichnet werden und 24, 3 von משפטים und דברים die Rede ist, so glaubt man daraus schliessen zu dürfen, dass die auf Kultus und Religion bezüglichen Verordnungen als דברים bezeichnet waren.

a) Diese sogenannten דברים mögen auch hier bei der Besprechung voranstehen: sie enthalten: 20, 24—26 (2. sg.) ein Altargesetz, welches Altäre aus Erde oder unbehauenen Steinen für den Kultus vorschreibt. und ausserdem verbietet, auf Stufen zu dem Altar emporzusteigen. Geopfert werden aber darf an jedem Orte, den Jahwe zu seiner Verehrung bestimmt hat d. h. an allen geschichtlich geheiligten Stätten. — 22, 19 (3. sg.) verbietet anderen Göttern als Jahwe allein zu opfern bei Strafe des Blutbannes. — Todesstrafe soll auch die מכשפה d. h. die Zauberei treibende Frau treffen, 22, 17 (2. sg.) vgl. Dt. 18, 10. — 22, 27 (2. sg.) verbietet, Gott und Obrigkeit zu verfluchen. — 22, 28—29 (2. sg.) normiert die der Gottheit zu weihenden Abgaben von der Tenne und Kelter und nimmt ausserdem die Erstgeburt (Sohn, Rind, Schaf, Haustiere)[1]) für Jahwe als heiliges Geschenk in Anspruch. — 22, 30 verbietet in der 2. pl. den Genuss des Fleisches zerrissener Tiere[2]), ist also Dt. 14, 21 (2. pl.) parallel (vgl. o. S. 13). — 23, 13 verlangt strenge Befolgung aller Gebote und verbietet, die Namen anderer Götter zu erwähnen, und zwar ebenfalls in der 2. pl., bis auf den Schluss כל קרב, wofür LXX aber ἐκ τοῦ στόματος ὑμῶν setzt. — 23, 14—16 (2. sg.) ist eine kurze, Ex. 34 parallele Festgesetzgebung, die ebenfalls die drei Feste Massoth, Kasir und Asiph vorschreibt. — Dagegen ist 23, 17—19 aus J Ex. 34 durch diejenige Redaktion, welche auch die Kultus- und Festgesetzgebung von J für JE verwerten wollte, eingetragen worden[3]): v. 14 שלש רגלים gegen v. 17 שלש פעמים ist ein untrügliches Zeichen dafür, vgl. Wellhausen Comp. S. 92,

---

1) LXX hier richtiger: οὕτω ποιήσεις τον μοσχον σου και το προβατον σου και το ὑποζύγιον σου.
2) Nach Buddes plausiblem Vorschlage ist zu emendieren בשר טרפה (LXX κρέας θηριαλωτον), vgl. ZatW. 1891. S. 99 ff. Nr. 5. — Auf diesen Aufsatz beziehen sich auch die zu den Gesetzen unter b) gemachten Bemerkungen textkritischer Art.
3) Vermutlich, ehe der ganze Dekalog Ex. 34 wiedereingesetzt worden ist.

2. Das Bundesbuch Ex. 20, 24—23, 19.

Budde ZatW. 1891 S. 201 f. — Halb kultischer, halb moralischer Natur sind endlich die beiden Verordnungen über das sogenannte Sabbatjahr, 23, 10—11, und über den Sabbath, 23, 12. Erstere ist eine Parallele zu Dt. 15, 1 ff. (vgl. o. S. 25 f.). Es handelt sich bei ihr aber nicht um eine Brache für das Land, sondern um Preisgeben der Ernte (für die Armen), und sie wird eine uralte kanaanitische Sitte zur Grundlage haben. Ebenso der Sabbath. Sekundär aber ist wohl beidemal die moralische Beziehung der Gebote, vgl. Wellhausen, Proleg. S. 113 ff., Smend, A.T. Religionsgesch. S. 139 f. — Die Form aller dieser Gebote ist die des unbedingten „du sollst". Daher wird Wellhausen im Recht sein, wenn er die Stellen, die die 2. pl. als Anrede haben, der Redaktion zuweist und überhaupt die formelle Gleichmässigkeit in der Anrede „du" gewissermassen als Kanon für die Ausscheidung sekundärer Stücke hinstellt. Hier würden also 22, 30 und 23, 13 zu streichen sein. Aber auch so ist es noch nicht alles in Ordnung. Von 23, 15 α β b „wie ich dir befohlen habe, zur Zeit des Monats Abib, denn da bist du aus Ägypten ausgezogen; und sie sollen nicht mit leeren Händen erscheinen" gilt dasselbe wie von 34, 18. Der Zusatz weist auf das sekundäre Stück 13, 3 ff. zurück und kann darum nicht ursprünglich sein. Hier liegt die Sache freilich noch insofern einfacher, als innerhalb der Quelle E garnicht auf einen früheren Erlass betreffs der Feier des Massothfestes zurückgewiesen werden konnte, weil diese Quelle vor Ex. 20 keine gesetzlichen Bestimmungen hat. 23, 15 α β b ist also Einschub aus 34, 18, worauf ja auch das jetzt völlig unverständliche ולא יראו פני ריקם hinweist, vgl. darüber Budde l. c. S. 217.

b) Unter den zivilrechtlichen Bestimmungen, den משפטים, nehmen die auf das Strafrecht bezüglichen bei weitem den grössten Raum ein, und zwar bilden hier die Gesetze 21, 2—22, 16 ein leidlich geordnetes Ganzes.

Den Anfang bildet eine ausführliche Sklavengesetzgebung, 21, 2—11, und zwar handelt v. 2—6 vom Sklaven, v. 7—11 von der Sklavin, vgl. Dt. 15, 12—18. In v. 8 a ist zu emendieren אשר לא ידעה = falls er ihr noch nicht beigewohnt hat (Budde). Für die Freilassung der hebräischen Slaviu ist hier ein besonderes Gesetz gegeben, doch wohl darum, weil es nicht Sitte war, sie nach 6jähriger Dienstzeit zu entlassen, wie den Sklaven: sie war eben Sklavin und Konkubine zugleich. Ob das Deuteronomium aber in Dt. 15, 12 ff. den Versuch macht, dieser Sitte entgegenzutreten, ist doch sehr fraglich: man wird dort in der Gleichstellung von Sklave und Sklavin nicht sowohl den Ausdruck eines Kulturfortschritts als eine spätere Eintragung von או העבריה v. 12 und כן תעשה לאמתך v. 17 in den Text von 15, 12 ff. zu erkennen haben. — Über Todschlag und Mord handelt 21, 12—15, vgl. Dt. 19, 1—13. Auch hier wird für den (unvorsätzlichen) Todschlag ein Zufluchtsort bestimmt, vielleicht der Altar (vgl. v. 14).[1]) Besonders wird noch der Elternmord erwähnt, dessen das Deuterono-

---

[1]) Der Text von v. 13 ist schwerlich ganz intakt.

mium garnicht zu gedenken wagt. — **Menschenraub ist gleichfalls mit dem Tode zu bestrafen, 21, 16** vgl. Dt. 24, 7.[1]) — Desgleichen das **Verwünschen von Vater und Mutter 22, 17.** — Ausführlicher sind die strafrechtlichen Bestimmungen über **Körperverletzung durch Menschen, 21, 18—27,** doch ist der Text nicht ganz in Ordnung. Zu nächst ist v. 22 für das unverständliche בִּפְלִלִים mit Budde בַּנְּפָלִים „für die Fehlgeburt" zu emendieren; sodann ist klar, dass die einzelnen Gesetze durcheinandergeworfen sind: v. 20 u. 21 (über Körperverletzung bei Sklaven) gehört mit v. 26 u. 27 zusammen, v. 18 u. 19 behandeln die Körperverletzung bei Raufereien und deren Busse, v. 22 den Fall, dass durch eine solche Rauferei eine Frau einen Abortus erleidet, v. 23 endlich, gleich Dt. 19, 21, enthält das Grundgesetz des alten Vergeltungsrechtes. Buddes Versuch, diesen letzteren Vers mit v. 18 f. zu verbinden, scheint mir daran zu scheitern, dass einmal v. 23 a וְאִם אָסוֹן יִהְיֶה unmöglich von v. 22 αβ וְלֹא יִהְיֶה אָסוֹן losgerissen werden kann, und dass ferner v. 23 „wenn aber ein Leibesschaden entsteht" garnicht als Unterfall zu v. 18 f. passt. Denn wenn jemand (bei einer Prügelei) durch einen Faust- oder Steinschlag so verletzt wird, dass er längere Zeit bettlägerig ist und nachher noch am Stocke gehen muss, so kann doch nichts anderes als „Leibesschaden" vorliegen. Und wenn der Hauptfall dem Täter für den Fall der Körperverletzung ohne tötlichen Ausgang Straffreiheit garantiert, kann ihn doch nicht der vermeintliche Unterfall, der nicht tötlichen Ausgang der Verletzung, sondern ganz allgemein „Leibesschaden" im Auge hat, mit seinem Leibe dafür haftbar machen. Da nun v. 23 b auch unmöglich zu v. 22 gehören kann (vgl. Budde l. c.), so bleibt nur als Ausweg, dass die eigentliche Fortsetzung zu v. 23 a „wenn aber (ausserdem bei der Frau) ein Leibesschaden entsteht, jetzt durch das Grundgesetz des ius talionis verdrängt worden ist.[2]) — Noch eingehender aber wird der Fall der **Tötung eines Menschen durch ein stössiges Rind** gesetzlich festgelegt, **21, 28—32.** Hierbei werden juristisch zwei Generalfälle A) und B) und bei B) drei Spezialfälle a) b) c) unterschieden, nämlich folgendermassen: A) Tötung eines Mannes oder eines Weibes durch ein stössiges Rind (Voraussetzung: Der Besitzer desselben weiss noch nicht, dass es stössig ist). B) Tötung von Menschen durch ein stössiges Rind (Voraussetzung: der Besitzer kennt die Gefährlichkeit des Tieres und ist auch schon gewarnt worden) und zwar a) eines Mannes oder einer Frau, b) eines Knaben oder eines Mädchens, c) eines Sklaven oder einer Sklavin. Doch dies nur als Beispiel für die Form solcher Gesetze. —

---

1) LXX τινα των υἱῶν Ἰσραήλ ist Rückwirkung von Dt. 24, 7; den mass. Text darnach zu verbessern ist unnötig.
2) Erst wenn v. 23 a zu v. 22 in der oben angedeuteten Weise in Beziehung tritt, wird der Zusatz „und (zwar) soll er es für die Fehlgeburt geben" recht deutlich: tritt kein אָסוֹן (des Weibes) ein, dann nur Bussgeld, und zwar für den Abortus; tritt aber אָסוֹן ein, dann ..... — Dass unter אָסוֹן eine besonders schwere Körperverletzung zu verstehen sei (so Baentsch), ist durch nichts angezeigt. In Gen. 42 u. 44 bedeutet der אָסוֹן, der Benjamin unterwegs treffen könnte, wohl soviel wie „Tod". Aber daraus ist nichts für Ex. 21 zu gewinnen.

2. Das Bundesbuch Ex. 20, 24—23, 19.

An diese Bestimmungen schliesst sich selbstverständlich die das gleiche Thema behandelnde Verordnung 21, 35—36 an: Tötung eines Rindes durch ein anderes stössiges Rind, wobei wieder die Fälle A) und B) (s. o.) hinsichtlich der Bestimmung des Strafmasses auseinandergehalten werden.[1]) — Gegen Verlust von Viehbesitz durch Unvorsichtigkeit eines anderen sichert 21, 33—34,[2]) und solcher Gesetze über Eigentumsbeschädigung durch Unvorsichtigkeit folgen 22, 4 ff. noch mehrere, sodass wohl 22, 4—14 die natürliche Fortsetzung zu 21, 33 f. bilden. 22, 4 (nach LXX zu vervollständigen) bestraft das Umherlaufenlassen des Viehs auf fremdem Acker, 22, 5 die unvorsichtige Brandstiftung auf fremdem Acker, und 22, 6—14 enthält eine Reihe von Bestimmungen über Beschädigung von anvertrautem Eigentum, die in ihrer juristisch genauen Fixierung an 21, 28 ff. erinnern. 22, 6—7 handelt von Gold oder sonstigen Kostbarkeiten, 22, 9—13 von Haustieren (Rind, Esel, Schaf etc.), die zum Hüten übergeben worden sind. Zwischen beiden Gesetzen steht unpassend der allgemeine, gewissermassen rekapitulierende Grundsatz v. 8: „wenn es sich um irgendwelches Eigentumsvergehen handelt, betreffe es Rind oder Esel oder Schaf etc..., so soll das und das geschehen." Dieser Vers gehört natürlich hinter v. 9, dem er störend vorgreift. Weiter aber giebt auch 22, 9 ff. zu Bedenken Anlass. 22, 9—13 lautet: „wenn jemand seinem Nachbar irgend ein Stück Vieh, Esel oder Rind oder Schaf, in Verwahrung giebt, und es kommt um oder leidet Schaden[3]) oder wird (als Raub) weggeschleppt ohne dass es jemand sieht .... und wenns ihm gestohlen worden ist, muss er dem Eigentümer Ersatz leisten, wenn es zerissen worden ist und er kann (das Aas) als Beweis beibringen, so braucht er es nicht zu ersetzen". Von obigen drei Spezialfällen der Beschädigung des Eigentums eines Andern werden also zwei privatrechtlich geregelt. Das „Stehlen" wird dem „Wegschleppen", das „Zerreissen" dem „Umkommen" entsprechen. Für den Fall des „Schadenleidens" scheint also nichts näheres vorgesehen zu sein. Der dazwischen stehende, in der Übersetzung ausgelassene Satz (v. 10) ist in seinem ersten Teile unmissverständlich: die Angelegenheit soll „vor Elohim"[4]) gebracht werden und der, dem das Eigentum anvertraut war, schwören, dass er sich nicht daran vergriffen hat, vgl. 22, 7. Aus der Parallele von 22, 6 und 7 ist nun aber klar, dass diese Art von Schiedsspruch vor allem oder vielmehr nur da eintritt, wo es sich um Diebstahl des anvertrauten Gutes handelt, denn auf andere Weise kann sich der Betreffende schwerlich mit Nutzen an diesem Eigentum vergreifen. Was bedeutet nun aber v. 10 b? Es wird meist übersetzt: „und wenn der Eigentümer

---

1) Für אלו v. 35 ist wohl das charakteristischere חי zu lesen; auch LXX hat hier יחי (κερατιση) als Vorlage gehabt, vgl. v. 22 יגח καταξωσι gegen v. 35 נגח κερατιση.
2) Für לבעליו ישיב כסף lies יגנב יגנב (Budde).
3) d. h. durch Bruch der Gliedmassen oder sonst wie, daher נשבר:
4) So ist hier ohne Zweifel nach LXX für יהוה zu lesen, vgl. 21, 6. 22, 7 (Budde ZatW. 1891 S. 215).

(den Schwur) annimmt, so braucht er (d. h. der, dem das anvertraute Vieh gestohlen worden ist) keinen Ersatz zu leisten." Dass diese Erklärung ganz unmöglich ist, wird aus dem folgenden Vers, der mit dürren Worten gerade für den Fall des Diebstahls Ersatz vorschreibt, deutlich. v. 10 b kann also nicht Fortsetzung von v. 10 a sein. Damit wird aber v. 10 b für die Möglichkeit der Beziehung auf den Fall des „Schadenleidens" (נשבר) frei, und das Gesetz wird ursprünglich folgendermassen gelautet haben: „wenn einer seinem Nächsten irgend ein Stück Vieh, Rind oder Esel oder Schaf, in Verwahrung giebt, und es kommt um oder leidet Schaden oder wird weggeschleppt, ohne dass es jemand sieht, so soll (zunächst) ein Eid vor Elohim die Angelegenheit (dahin) entscheiden, ob jener sich etwa an dem Eigentum seines Nächsten vergriffen hat. [Wenn das Tier Schaden erlitten hat], so soll (es) der Eigentümer nehmen, jener aber braucht keinen Ersatz zu leisten. Wenn es ihm [1]) gestohlen worden ist, so muss ers dem Eigentümer ersetzen. Wenn es (von wilden Tieren) zerrissen worden ist und er kanns als Beweis beibringen, so braucht er das Zerrissene nicht zu ersetzen". Ob die Reihenfolge der drei Strafbestimmungen die ursprüngliche ist, mag dahin gestellt bleiben. Endlich ist noch v. 8 b אשר ירשיעין אלהים sprachlich anstössig. Die Übersetzung „und der, welchen Gott für schuldig erklärt, soll dem andern Ersatz leisten" ist nicht gerade sehr geschickt. Es handelt sich nicht darum, unter zweien den Schuldigen zu ermitteln, sondern darum, ob ein gewisser einzelner sich gegen seinen Nächsten vergangen hat. Deshalb darf es nur heissen: „und wenn (für den Fall dass) ihn Elohim als schuldig erwiesen hat, dann soll er Ersatz geben". Dem entspricht aber אשר ירשיען sehr wenig, es ist daher entweder ירשיעו oder יַרְשִׁיעֶנּוּ, mindestens aber auch noch וַאֲשֶׁר (vgl. 21, 13), wenn nicht vielleicht וְכַאֲשֶׁר („gemäss dem dass") zu emendieren. — Die letzte hierher gehörige Verordnung, 22, 13—14 a, [2]) über Beschädigung geliehenen Eigentums, ist textlich ohne Anstoss. — An 22, 6 ff. wird sich dann 21, 37—22, 3. über Diebstahl von Vieh und Totschlag eines in flagranti ertappten Diebes, geschlossen haben; zumal ersteres Gesetz war schon durch 22, 6 ff. vorbereitet. Auch hier zwingt der Text zum Einschreiten. Budde hat richtig bemerkt, dass die Fortsetzung von 21, 37 in 22, 2 b u. 3 vorliegt, während 22, 1 u. 2 a eigentlich mit dem Viehdiebstahl nichts zu tun hat. Es ist also 22, 1 2 a von 21, 37 22, 2 b 3 zu trennen. Über ersteren Abschnitt hat Baentsch die Vermutung geäussert, er gehörte ehedem vielleicht in ein Kapitel über „Blutschuld". Das scheint mir bei dem immer mehr zu Tage tretenden fragmentarischen Charakter des jetzigen „Bundes-

---

1) מעמי = wenn der Diebstahl teilweise durch seine eigene Unachtsamkeit verschuldet worden ist, vgl. v. 13 f. בעליו אין עמו und בעליו עמו.
2) v. 14 b „wenn er ein Tagelöhner ist, kommt es (das gefallene oder zu Schaden gekommene Tier?) auf seinen Lohn" (LXX. ἔσται αὐτῷ ἀντὶ τοῦ μισθοῦ αὐτοῦ) gehörte ursprünglich einem anderen Zusammenhange an, und ist ein Beweis dafür, wie trümmerhaft das „Bundesbuch" erhalten ist.

buches" sicher zu sein. — Ein Rest aus einem grösseren Abschnitte ist wohl auch 22, 15—16, über Verführung einer nicht verlobten Jungfrau, vgl. Dt. 22, 28 f. — Für Tierunzucht verlangt 22, 18 den Tod als Strafe. — Dem Fremdling steht wie im Dt. (24, 17 ff. u. ö.) der Schutz der Moral zur Seite, 22, 20 ff. Hier erweisen sich v. 20 b, 21 u. 23 durch die pluralische Anrede als sekundär. — Desgleichen in dem Wucherverbot, 22, 24, v. 24 b; vgl. Dt. 23, 20—21. — 22, 25— 26 verbietet wie Dt. 24, 10 ff. das Oberkleid als Pfand zu nehmen. — Eine Reihe von Geboten der Sittlichkeit und Humanität folgt noch 23, 1—12. Verboten wird das Ausstreuen von falschen Gerüchten d. h. Verdächtigungen 23, 1 a, jede Parteilichkeit bei Entscheidung von Rechtsfragen, 23, 1 b 2¹) 3²), vgl. Dt. 16, 19 f. 19, 16 ff. Hierher gehören aber auch die Verse 6—9, die jetzt durch v. 4 f. aus dem Zusammenhange gerissen sind. Sie enthalten ebenfalls Verordnungen über gerechte Rechtspflege. Nun ist aber nicht zu verkennen, dass v. 7 a und v. 1 b fast dasselbe aussagen, denn der דבר שקר kann dem Zusammenhange nach nur ein Prozess sein, der durch falsche Aussagen gewonnen wird. Andrerseits ist v. 9 a eine müssige Wiederholung von 22, 20 und v. 9 b richtet sich selbst durch die 2. pl. Auch v. 7 b β ist anstössig. LXX hat dafür (v. 8) καὶ οὐ δικαιώσεις τον ἀσεβῆ ἕνεκεν δώρων = וְלֹא־תַצְדִּיק רָשָׁע בְּשֹׁחַד. Das wird das ursprüngliche sein; dann ist aber MT v. 8 ad vocem שחד aus Dt. 16, 19 f. hier eingetragen worden. Und ebenso wird LXX in v. 9 a mit der Übersetzung καὶ προσήλυτον οὐ θλίψετε im Recht sein, sodass auch v. 9 a als sekundär auszuscheiden ist. — Zu den beiden Humanitätsgeboten 23, 4 u. 5 vgl. Dt. 22, 1—4. Wenn hier statt des אחיך des Deuteronomiums sogar der איב und שנא erscheint, so geht das für altisraelitische Verhältnisse freilich zu weit und verrät schon dadurch v. 4 f. als späteren, vielleicht erst nachdeuteronomischen Einsatz. Religionsgeschichtlich geben diese wenigen Worte aber zu denken: sie sind in ihrer Weise eine Illustration zu Matth. 5, 44: ἀγαπᾶτε τοὺς ἐχθροὺς ὑμῶν.

Eine besondere Betrachtung erheischt nun aber die Form aller dieser Satzungen, weil sich von hier aus höchst wichtige Schlüsse auf den ursprünglichen Inhalt des sog. Bundesbuches ziehen lassen.

α) Zunächst heben sich sechs Gesetze durch ihren präzisen und im wahren Sinne des Wortes gesetzgeberischen Ton ab, nämlich.

21, 12: מכה איש ומת מות יומת
21, 15: ומכה אביו ואמו מות יומת
21, 17: ³) ומקלל אביו ואמו מות יומת
21, 16: וגנב איש ומכרו ונמצא בידו מות יומת
22, 18: כל שכב עם בהמה מות יומת
22, 19: זבח לאלהים יחרם בלתי ליהוה לבדו

---

1) Budde vermutet in v. 2 a טֵיט לְהַטּוֹת אֶל רִב חֻזָּה תַעֲנֶה וְלֹא (vgl. auch LXX). Das wird dem Ursprünglichen nahe kommen. Ich weiss keinen besseren Vorschlag zu machen.
2) Für רִיב ist רָל zu setzen, wie schon lange erkannt worden. Doch vgl. Lev. 19, 15 und Smend, AT. Religionsgesch. S. 143.
3) Die Zusammengehörigkeit von v. 15 u. 17 betont auch Kuenen.

(den Schwur) annimmt, so braucht er (d. h. der, dem das anvertraute Vieh gestohlen worden ist) keinen Ersatz zu leisten." Dass diese Erklärung ganz unmöglich ist, wird aus dem folgenden Vers, der mit dürren Worten gerade für den Fall des Diebstahls Ersatz vorschreibt, deutlich. v. 10 b kann also nicht Fortsetzung von v. 10 a sein. Damit wird aber v. 10 b für die Möglichkeit der Beziehung auf den Fall des „Schadenleidens" (נשבר) frei, und das Gesetz wird ursprünglich folgendermassen gelautet haben: „wenn einer seinem Nächsten irgend ein Stück Vieh, Rind oder Esel oder Schaf, in Verwahrung giebt, und es kommt um oder leidet Schaden oder wird weggeschleppt, ohne dass es jemand sieht, so soll (zunächst) ein Eid vor Elohim die Angelegenheit (dahin) entscheiden, ob jener sich etwa an dem Eigentum seines Nächsten vergriffen hat. [Wenn das Tier Schaden erlitten hat], so soll (es) der Eigentümer nehmen, jener aber braucht keinen Ersatz zu leisten. Wenn es ihm[1]) gestohlen worden ist, so muss ers dem Eigentümer ersetzen. Wenn es (von wilden Tieren) zerrissen worden ist und er kanns als Beweis beibringen, so braucht er das Zerrissene nicht zu ersetzen". Ob die Reihenfolge der drei Strafbestimmungen die ursprüngliche ist, mag dahin gestellt bleiben. Endlich ist noch v. 8 b אשר ירשיען אלהים sprachlich anstössig. Die Übersetzung „und der, welchen Gott für schuldig erklärt, soll dem andern Ersatz leisten" ist nicht gerade sehr geschickt. Es handelt sich nicht darum, unter zweien den Schuldigen zu ermitteln, sondern darum, ob ein gewisser einzelner sich gegen seinen Nächsten vergangen hat. Deshalb darf es nur heissen: „und wenn (für den Fall dass) ihn Elohim als schuldig erwiesen hat, dann soll er Ersatz geben". Dem entspricht aber אשר ירשיען sehr wenig, es ist daher entweder ירשיעו oder ירשיעו, mindestens aber auch noch ואשר (vgl. 21, 13), wenn nicht' vielleicht וכאשר („gemäss dem dass") zu emendieren. — Die letzte hierher gehörige Verordnung, 22, 13—14 a,[2]) über Beschädigung geliehenen Eigentums, ist textlich ohne Anstoss. — An 22, 6 ff. wird sich dann 21, 37—22, 3. über Diebstahl von Vieh und Totschlag eines in flagranti ertappten Diebes, geschlossen haben; zumal ersteres Gesetz war schon durch 22, 6 ff. vorbereitet. Auch hier zwingt der Text zum Einschreiten. Budde hat richtig bemerkt, dass die Fortsetzung von 21, 37 in 22, 2 b u. 3 vorliegt, während 22, 1 u. 2 a eigentlich mit dem Viehdiebstahl nichts zu tun hat. Es ist also 22, 1 2 a von 21, 37 22, 2 b 3 zu trennen. Über ersteren Abschnitt hat Baentsch die Vermutung geäussert, er gehörte ehedem vielleicht in ein Kapitel über „Blutschuld". Das scheint mir bei dem immer mehr zu Tage tretenden fragmentarischen Charakter des jetzigen „Bundes-

---

1) מעמו = wenn der Diebstahl teilweise durch seine eigene Unachtsamkeit verschuldet worden ist, vgl. v. 13 f. בעליו אין עמי und עמו בעליו.
2) v. 14 b „wenn er ein Tagelöhner ist, kommt es (das gefallene oder zu Schaden gekommene Tier?) auf seinen Lohn" (LXX. ἔσται αὐτῷ ἀντὶ τοῦ μισθοῦ αὐτοῦ) gehörte ursprünglich einem anderen Zusammenhange an, und ist ein Beweis dafür, wie trümmerhaft das „Bundesbuch" erhalten ist.

buches" sicher zu sein. — Ein Rest aus einem grösseren Abschnitte ist wohl auch 22, 15—16, über Verführung einer nicht verlobten Jungfrau, vgl. Dt. 22, 28 f. — Für Tierunzucht verlangt 22, 18 den Tod als Strafe. — Dem Fremdling steht wie im Dt. (24, 17 ff. u. ö.) der Schutz der Moral zur Seite, 22, 20 ff. Hier erweisen sich v. 20 b, 21 u. 23 durch die pluralische Anrede als sekundär. — Desgleichen in dem Wucherverbot, 22, 24, v. 24b; vgl. Dt. 23, 20—21. — 22, 25— 26 verbietet wie Dt. 24, 10 ff. das Oberkleid als Pfand zu nehmen. — Eine Reihe von Geboten der Sittlichkeit und Humanität folgt noch 23, 1—12. Verboten wird das Ausstreuen von falschen Gerüchten d. h. Verdächtigungen 23, 1a, jede Parteilichkeit bei Entscheidung von Rechtsfragen, 23, 1 b 2[1]) 3[2]), vgl. Dt. 16, 19 f. 19, 16 ff. Hierher gehören aber auch die Verse 6—9, die jetzt durch v. 4 f. aus dem Zusammenhange gerissen sind. Sie enthalten ebenfalls Verordnungen über gerechte Rechtspflege. Nun ist aber nicht zu verkennen, dass v. 7a und v. 1 b fast dasselbe aussagen, denn der דבר שקר kann dem Zusammenhange nach nur ein Prozess sein, der durch falsche Aussagen gewonnen wird. Andrerseits ist v. 9 a eine müssige Wiederholung von 22, 20 und v. 9 b richtet sich selbst durch die 2. pl. Auch v. 7 b β ist anstössig. LXX hat dafür (v. 8) καὶ οὐ δικαιώσεις τὸν ἀσεβῆ ἕνεκεν δώρων = לֹא־תַצְדִּיק רָשָׁע בְּשֹׁחַד. Das wird das ursprüngliche sein; dann ist aber MT v. 8 ad vocem שחד aus Dt. 16, 19 f. hier eingetragen worden. Und ebenso wird LXX in v. 9 a mit der Übersetzung καὶ προσήλυτον οὐ θλίψετε im Recht sein, sodass auch v. 9 a als sekundär auszuscheiden ist. — Zu den beiden Humanitätsgeboten 23, 4 u. 5 vgl. Dt. 22, 1—4. Wenn hier statt des אחיך des Deuteronomiums sogar der איב und שנא erscheint, so geht das für altisraelitische Verhältnisse freilich zu weit und verrät schon dadurch v. 4 f. als späteren, vielleicht erst nachdeuteronomischen Einsatz. Religionsgeschichtlich geben diese wenigen Worte aber zu denken: sie sind in ihrer Weise eine Illustration zu Matth. 5, 44: ἀγαπᾶτε τοὺς ἐχθροὺς ὑμῶν.

Eine besondere Betrachtung erheischt nun aber die Form aller dieser Satzungen, weil sich von hier aus höchst wichtige Schlüsse auf den ursprünglichen Inhalt des sog. Bundesbuches ziehen lassen.

a) Zunächst heben sich sechs Gesetze durch ihren präzisen und im wahren Sinne des Wortes gesetzgeberischen Ton ab, nämlich.

21, 12: מכה איש ומת מות יומת
21, 15: ומכה אביו ואמו מות יומת
21, 17: [3]) ומקלל אביו ואמו מות יומת
21, 16: וגנב איש ומכרו ונמצא בידו מות יומת
22, 18: כל שכב עם בהמה מות יומת
22, 19: זבח לאלהים יחרם בלתי ליהוה לבדו

---

1) Budde vermutet in v. 2a שנאת לחטי אל רב חטת ולא (vgl. auch LXX). Das wird dem Ursprünglichen nahe kommen. Ich weiss keinen besseren Vorschlag zu machen.
2) Für ל ist בל zu setzen, wie schon lange erkannt worden. Doch vgl. Lev. 19, 15 und Smend, AT. Religionsgesch. S. 143.
3) Die Zusammengehörigkeit von v. 15 u. 17 betont auch Kuenen.

Dass diese Gebote zusammengehören, beweist ihre prägnante Sprache, bei den fünf ersten überdies der gleiche Schluss מות יומת. Ihrem Inhalt nach verteilen sie sich, um bei der landläufigen Anordnung vorerst zu bleiben, auf דברים und משפטים, d. h. sie ordnen kultische (religiös-sittliche) und zivilrechtliche Fragen. Das ist wohl zu beachten. Nun könnte freilich die Abtrennung des ersten dieser Gesetz Ex. 21, 12 von Ex. 21, 13 u. 14 beanstandet werden, aber durch folgende Erwägungen scheint sie mir gerechtfertigt zu sein: das Gesetz „wer einen Menschen so schlägt, dass er stirbt, ist des Todes", wie es hier als Grundsatz der alten Vergeltungslehre in lakonischer Kürze aufgestellt ist, duldet genau besehen keine Klauseln wie v. 13 und 14 neben sich, besonders erstere nicht; denn soviel Logik darf man wohl auch einem altisraelitischen corpus juris zutrauen, dass nicht erst ein Grundgesetz erlassen wird, um sofort die nur bedingte Gültigkeit desselben zu proklamieren. Die Parallele Dt. 19, 1 ff. unterscheidet auch richtig von vornherein zwischen Todschlag und (vorsätzlichen) Mord, ohne erst ein solches Grundgesetz zu erlassen; desgleichen Num. 35, 11 רצח מכה נפש בשגגה. Hier aber wird zuerst jedes Schlagen eines Menschen mit tötlichem Ausgange mit dem Tode bestraft, gleichviel ob dasselbe nun juristisch als Todschlag oder als Mord zu bezeichnen ist, und gleich darauf doch die Unterscheidung zwischen einem unvorsätzlichen und einem vorsätzlichen Morde gemacht. Aber nur ersteres wird der Praxis der ältesten Zeit entsprechen und erst die höhere Kultur und Sitte der Zeiten, denen das Bundesbuch zuzuweisen sein wird (ca. 9. Jhdt.), wird eine Milderung der bedingslosen Geltung des ius talionis geschaffen haben. Allerdings muss dann als Vordersatz zu v. 13 eine v. 12 ähnliche These, aber in bedingter Form,[1]) als jetzt nicht mehr vorhanden, angenommen werden, doch hat das bei der fragmentarischen Form, in der das Bundesbuch vorliegt, keine Schwierigkeiten.

Lässt sich so Ex. 21, 12 aus seiner Verbindung mit v. 13 u. 14 lösen, so erhalten wir in den oben angeführten sechs Gesetzen den Rest einer das fas und jus zugleich behandelnden Gesetzgebung, und ich stehe nicht an, dieselbe einer sehr alten Zeit zuzuweisen. Doch wird man sie nach dem jahwistischen Dekalog anzusetzen haben, da in ihr auch schon zivilrechtliche Grundsätze schriftlich fixiert sind, während das Fehlen derselben in der Gesetzgebung von J am ehesten sich daraus erklärt, dass sie zu seiner Zeit noch als Gewohnheitsrecht bestanden.

β) Eine zweite Gruppe bilden diejenigen Bestimmungen des Bundesbuches, welche das Gebot zwar auch unbedingt, aber in der milderen Form des „du sollst (nicht)" aussprechen. Dahin gehören:

20, 24 ff.: (das Altargesetz)
22, 17: Eine Zauberin sollst du nicht am Leben lassen.
22, 20: Den Fremdling sollst du nicht bedrücken oder gewalttätig behandeln; denn wenn du ihn bedrückst und wenn er dann

---

1) Etwa כי ימֵי אִישׁ כִּי־יִגַּח אֶת־רֵעֵהוּ . אשר ist dann = כי היה.

2. Das Bundesbuch Ex. 20, 24—23, 19.

	zu mir um Hilfe schreit, werde ich gewisslich seinen Hilfeschrei erhören.
22, 24:	Wenn du einem aus meinem Volke, dem Armen unter dir, Geld leihst, so nimm keinen Zins von ihm.
22, 25:	Wenn du einem das Kleid als Pfand nimmst, giebs ihm bis Sonnenuntergang wieder. (folgt v. 26)
22, 27:	Elohim sollst du nicht fluchen und den Fürsten in deinem Volke nicht verwünschen.
22, 28:	Deinen Überfluss und deine Thräne sollst du nicht vorenthalten. Den Erstgebornen deiner Söhne sollst du mir geben. (folgt v. 29)
23, 1 a:	Du sollst kein falsches Gerücht verbreiten.
23, 1 b:	Biete dem Bösewicht nicht deine Hand, ein falsches Zeugnis abzulegen.
23, 2:	Du sollst nicht mit der grossen Menge gehen, um böses zu tun, und sollst dich nicht zur Majorität halten, um das Recht zu beugen.
23, 3:	Du sollst nicht auf den Mächtigen Rücksicht nehmen, wenn er einen Rechtsstreit hat.
23, 6:	Du sollst nicht das Recht des Armen unter dir beugen, wenn er einen Rechtsstreit hat.
23, 7 a:	Von einer Sache, wo es aufs Lügen ankommt, halte dich fern.
23, 7 b:	Den Unschuldigen und den, der im Recht ist, sollst du nicht hinmorden, und sollst den Schuldigen nicht „gegen Bestechung" freisprechen.
23, 10 f.:	Sechs Jahre sollst du dein Feld bestellen und seinen Ertrag einheimsen, im siebenten aber sollst du ihn preisgeben etc. (v. 10)
23, 12:	Sechs Tage sollst du deine Arbeit verrichten, am siebenten aber ruhen etc.
23, 14:	Dreimal im Jahre sollst du mir eine Festfeier halten etc. (v. 15 a u. 16).

Diese Reihe enthält also Gebote spezifisch religiösen und sittlichen Inhalts, und darf in Bezug auf letzteren geradezu als ein Programm der prophetischen Wirksamkeit angesehen werden.

γ) Eine gänzlich abweichende Form zeigen nun aber die Gesetze der dritten Gruppe, zu der das gesamte in 21, 2—22, 16 vorliegende strafrechtliche Material gehört. Sie scheiden sich nicht nur durch diesen ihren rein rechtlichen Charakter von den Gruppen α) und β) ab, sondern vor allem durch ihre scharf ausgeprägte Form, die schon oben bei der Erörterung von 21, 28 ff. kurz zur Sprache kam. Alle diese strafrechtlichen Bestimmungen sind nämlich zunächst durch כי „wenn" als auf mögliche Vorfälle im Gemeinschaftsleben bezüglich bezeichnet und haben ferner darin ein gemeinschaftliches Charakteristikum, dass sie von dem durch כי eingeleiteten Hauptfall einen oder mehrere Spezialfälle unterscheiden. Am deutlichsten ist das bei dem Gesetz 21, 28 ff. über Tötung durch ein stössiges Rind. Hierher gehören ferner: [21, 2—6 u.

21, 7—11] 21, 13 (wozu der Anfang jetzt fehlt, s. o. S. 33) — [21, 18—19 u. 21, 22—23a (am Ende verstümmelt)] — [21, 20—21 u. 21, 26—27] — [21, 28—32 u. 21, 35—36] — 21, 33—34 — 22, 4 (LXX) — 22, 5 — [22, 6—7 u. 22, 9—12 (verstümmelt) + Nachwort 22, 8] — [22, 13—14a] — 21, 37 u. 22, 2b—3 — 22, 1—2a (verstümmelt) — 22, 15—16 — 22, 14b (verstümmelt). Die eckigen Klammern sollen hierbei solche Gesetze bezeichnen, die dasselbe Thema behandeln und daher eng zusammengehören.

Ist nun auch dieses Gesetzkorpus nicht ohne textliche Verderbnis und noch weniger vollständig erhalten, so lässt sich doch über seinen Inhalt mit Sicherheit sagen, dass er eine (erstmalige?) schriftliche Fixierung des alten Gewohnheitsrechts sein sollte und daher Verordnungen über die mannigfachsten Rechtsfälle, wie sie das bürgerliche Leben hervorruft, enthielt. Und in der Tat behandelt es, soweit es uns erhalten ist, genau wie das Deuteronomium Materien des öffentlichen und des privaten Rechts. Beachtet man aber nun, wie in ihm Fragen des Privatrechts (vgl. besonders 22, 6 ff.) rein juristisch, ohne irgend welche sittlich-humane Begründung zur Sprache kommen, so gewinnt man von hieraus meines Erachtens das Recht, Bestimmungen wie 22, 20 f. 24 ff., die in ihrer spezifisch humanen Tendenz dem Deuteronomium nahe stehen, von vornherein von dem Gesetzeskorpus Ex. 21, 2—22, 16 abzutrennen und als nicht ursprünglich dazugehörig zu betrachten.

Und dasselbe glaube ich von einer anderen Erwägung aus für die ebenfalls der Reihe β) angehörigen Bestimmungen kultisch-religiösen Inhalts glaubhaft machen zu können.

Den Zusammenhang der elohistischen Geschichtserzählung von Ex. 19 an hat meines Erachtens zuletzt Budde (in dem schonmehrfach erwähnten Aufsatz ZatW 1891 S. 193 ff.) in Anlehnung an ältere Vorgänger mit derjenigen Sicherheit, die gerade an dieser Stelle des Pentateuch überhaupt erreichbar sein dürfte, nachgewiesen: Ex. 20, 17 setzt sich in 24, 12—14. 18 αβb 31, 18* cap. 32 fort: auf die Dekalogpromulgation folgt nicht etwa das sog. Bundesbuch, sondern der Befehl Gottes, Mose soll zu ihm auf den Berg steigen, um daselbst die beiden Gesetzestafeln und weitere Gebote, die er das Volk lehren soll, zu empfangen.[1]) Mose bleibt dann 40 Tage und 40 Nächte oben auf dem Berge (folgt cap. 32). Nun hat Kuenen die scharfsinnige Vermutung geäussert, diese thora implicita, die Mose in den 40 Tagen und 40 Nächten empfängt, sei eben das Bundesbuch Ex. 20, 24 ff., das eine spätere Redaktion fälschlich hinter den Dekalog versetzte, während es ursprünglich wohl an der Stelle des jetzigen Deuteronomiums stand und den Bund darstellte, den Mose zwischen Jahwe und dem Volk vor dem Übergang über den Jordan schloss.

---

1) Ex. 24, 12 lautete ursprünglich vielleicht: „und Jahwe sprach zu Mose: steig herauf zu mir auf den Berg und verweile dort, dass ich dir die Steintafeln gebe, auf die ich die (Thora?) geschrieben habe, und auch die (Gebote?), dass du sie sie [das Volk] lehrest". Doch vgl. auch Budde l. c. S. 225 Anm. 3. u. Dillmann z. St.

2. Das Bundesbuch Ex. 20, 24—23, 19.

Gehörten nun aber Dekalog (Ex. 20) und Bundesbuch derselben Quellenschrift E an, was nicht zu leugnen ist, so mussten sie ursprünglich natürlich so beschaffen gewesen sein, dass sie sich inhaltlich nicht ausschlossen, oder der eine eine müssige Wiederholung des anderen war[1]). Wie steht es nun aber mit dem Dekalog Ex. 20[2]) und dem Bundesbuch? 20, 9 f. kehrt in 23, 12 wieder; 20, 12 ist nur eine andere Form des Gebotes 21, 15; das 5. 7. u. 8. Gebot erhalten ihre genaue Erörterung in 21, 13 ff. 21, 16 37 ff. 23, 1 u. 7, und auch 20, 7 deckt sich im wesentlichen mit dem Verbote des falschen Zeugnisses (Meineides) 23, 1. Ist dem aber so, dann kann das Bundesbuch schwerlich den Dekalog ursprünglich vor sich gekannt haben. Ferner hat aber Kuenen schwerwiegende Gründe, besonders religionsgeschichtlicher Art, dafür geltend gemacht, dass der Dekalog Ex. 20 samt der dazugehörigen Geschichtserzählung in Ex. 19 u. 22 nicht zu dem ursprünglichen Bestande der elohistischen Quelle (E[1]), sondern zu einer späteren Bearbeitung derselben (E[2]) gehört. Damit wäre von selbst gegeben, dass das „Bundesbuch" von vornherein in E[1] seinen Platz hatte, wenn auch nicht geleugnet werden darf, dass es vielleicht auch in der (judäischen?) Bearbeitung E[2] beibehalten wurde.[3]) Was hat aber E[1] an Stelle von

---

1) Rothsteins Versuch, das Bundesbuch als Explikation des Dekalogs von Ex. 20 glaubhaft zu machen, kann ich trotz mancher scharfen Beobachtung nicht als gelungen betrachten.

2) Dieser Dekalog lautete wohl in ursprünglicher Form d. h. nach Abzug der Auffüllung aus Dt. 5 und sonstigen Zutaten: I. Ich bin Jahwe dein Gott, neben mir sollst du keinen anderen Gott haben. II. Du sollst dir keinen Götzen machen noch sonst irgend ein Bild. III. Du sollst den Namen Jahwes deines Gottes nicht zum Truge aussprechen. IV. Sechs Tage sollst du schaffen und all deine Arbeit verrichten, am siebenten Tage aber ist (ein) Ruhe(tag), Jahwe deinem Gott geweiht. V. Ehre deinen Vater und deine Mutter. VI. Du sollst nicht morden. VII. Du sollst die Ehe brechen. VIII. Du sollst nicht stehlen. IX. Du sollst gegen deinen Nächsten nicht als falscher Zeuge aussagen. X. Du sollst nicht nach deines Nächsten Haus Verlangen haben. — Diese Reihenfolge ist aber schwerlich die originale.

3) Durch die Unterscheidung verschiedener Ausgaben der elohistischen Quellenschrift wird die textkritische Analyse von Ex. 19—34 fast zur Unmöglichkeit. Hebt man zunächst das Bundesbuch Ex. 21—23 nebst 20, 22—26 (v. 22 f. ist durch den Plural verdächtig und v. 24 f. kann unmöglich an seiner ursprünglichen Stelle stehen) heraus, so verläuft die Horeb-Erzählung in Ex. 19, 1—19* 20, 18—21 (vgl. Kuenen Theol. Tijdsk. XV S. 188 f. u. Jülicher Jb. pr. Th. 1882) 20, 1—17* 24, 12—18 31, 18* cap. 32 u. 33 leidlich glatt. Das Bundesbuch andrerseits hat in 23, 20 21a 22a 25a/?b 26 28—31 einen guten Abschluss und in 21, 1 steckt vielleicht die alte Überschrift desselben (?אלה לפטים אשר תשים לפניהם תחלת). Aber auch 24, 4 a/?b—8 gehört zu diesem Bundesbuche u. zwar enthalten die Verse den erzählenden Abschluss dazu, die Bundschliessung auf Grund des aus dem רבית ספר (v. 7) vorgelesenen Bundesworte. Der Redaktion aber gehört sicher v. 4a α „Mose schrieb alle diese Worte Jahwes auf" und wohl auch חחח חחח an. Denn da das Bundesbuch ursprünglich gar nicht an den Horeb gehört, sondern vermutlich an das Ende der Wüstenwanderung, so kann das, was schon am Horeb bei Gelegenheit der Gebote als thora implicita gesagt worden ist, nicht jetzt erst aufgeschrieben werden. Vielmehr wird (vgl. 24, 18) Mose in den 40 Tagen u. 40 Nächten eben diese Thora von Gott empfangen und aufgezeichnet haben, während die beiden Tafeln von Gott selbst beschrieben werden; erst so wird der lange

II. Das Deuteronomium und die Gesetzgebung in JE.

Ex. 20 gehabt? Die Parallele der jahwistischen Erzählung legt es doch nahe, dass auch E die Tradition vom Zuge nach dem Horeb (Sinai) mit einer kurzen Gesetzesoffenbarung verband. Denn gerade für diesen Schriftsteller muss angenommen werden, dass er mit diesem Zug, der ursprünglich wohl die Abholung der „Lade Jahwes" zum Zweck hatte, einen tieferen religiösen Sinn verband, vielleicht eben dadurch, dass er die beiden Gesetzestafeln mit dem alten Idol der Lade zu vereinigen suchte. Und andrerseits darf man vielleicht aus dem Dekalog von E^2, der Gebote rein ethisch-individuellen Gepräges enthält, schliessen, dass er in gewisser Weise in Gegensatz zu der Horebgesetzgebung von E^1, die vielleicht wie J Gebote mehr religiös-nationalen Inhalts aufwies, treten wollte, wie ja auch E^2 die ganze Horebüberlieferung (Ex. 19—33) durch Einfügung der Erzählung vom Stierdienst des Volkes und der Strafe der Entziehung des göttlichen Geleits in das verheissene Land eine seiner fortgeschrittenen religiösen Erkenntnis entsprechende tiefere und reflektiertere Umbildung hat erfahren lassen. Jedenfalls musste dieser „Dekalog" von E^1 so beschaffen gewesen, dass er nicht in so störender Weise wie Ex. 20 mit dem Bundesbuch kollidierte.

Nun finden sich unter den oben in der Reihe β) aufgeführten Bestimmungen in der Tat eine Anzahl solcher, die als eine Art Kultus- und Festgesetzgebung bezeichnet werden können und die sowohl in der Form als dem Inhalt nach dem jahwistischen Dekaloge eng verwandt sind. Es sind dies die Gesetze 22, 28 f. 23, 10 f. 12 f. 13—16, deren Verhältnis zu Ex. 34 sich folgendermassen darstellt:

Aufenthalt bei Gott passend ausgefüllt, vgl. auch 34, 27 f. Andrerseits wird aber auch die Lokalisierung „unten am Berge" nicht der ursprünglichen Situation, in der das Bundesbuch promulgiert wurde.. angehören, sondern eher dem Harmonisierungsbestreben dessen, der Ex. 21 ff. an den Horeb versetzte.
Was aber nun mit 24, 1—3 9—11 anfangen? Budde bemerkt richtig, dass Nadab und Abihu sonst nur P angehören, dass man aber andrerseits in v. 11 (האלהים) eine Spur von E vermuten darf. Da sich v. 3b und v. 7b als Parallelen ausschliessen, so wird auch ersterer dem Redaktor des Bundesbuches zuzuweisen sein und zwar nach Ausscheidung der Worte דברי יהוה ואת כל המשפטים als Glosse. Über v. 1 f. und v. 9 ff. wage ich aber keine Entscheidung abzugeben; es sind dies Reste und Trümmer, mit denen sich nicht mehr operieren lässt. Vielleicht bildete, wie Budde meint, v. 11 den Abschluss der Bundesschliessung v. 4—8 in Gestalt eines Opferschmauses der Vornehmsten und Moses vor Jahwe.
Und was endlich das Verhältnis von E^1 zu E^2 betrifft, so möchte ich mich dahin entscheiden, dass die Einleitung zu Ex. 20, die Offenbarung in 19, 1—19* 20, 18—21, bereits E^1 angehörte und von E^2 als Einleitung zu seinem Dekalog beibehalten wurde; ebenso wird es sich mit dem Abschluss zur Dekalogpromulgation 24, 12 ff. 18 verhalten. Einen Rest des Abschlusses der ganzen Horebüberlieferung von E aber werden wir in 33, 7—11 zu sehen haben (so auch Kuenen): Mose hat nebst den beiden Gesetzestafeln das Zelt (und die Lade Jahwes) am Horeb in Empfang genommen oder vielmehr letztere vom Horeb abgeholt und für sie ein Zelt hergerichtet, und nunmehr erfolgt der Aufbruch des Volkes (Num. 10, 35 f.). Der längere Aufenthalt Moses bei Gott wäre nun wie in J durch keinen Zwischenfall seitens des Volkes ausgefüllt. Dagegen hat nun E^2 diesen Aufenthalt zu seiner tiefsinnigen Erzählung vom Stierdienst des Volkes und der Strafe dafür verwendet, Ex. 32, 1—6 15—20 35 Ex. 33, 1 ff.* Ex. 34, 1 ff.*

I. Du sollst keinen fremden Gott anbeten.
II. Du sollst dir keine Gussgötter machen.
III. Alle Erstgeburt ist mein.
IV. Du sollst das Massothfest feiern.
V. Und das Fest der Wochen sollst du feiern,
VI. Und das Fest der Lese zur Jahreswende.
VII. Du sollst nicht mit Saurem das Blut meines Opfers vermischen.
VIII. Das Fett vom Opfer des Passahfestes soll nicht bis zum andern Morgen übrig bleiben.
IX. Das Beste der Erstlinge deiner Flur sollst du zum Hause Jahwes deines Gottes bringen.
X. Du sollst das Böckchen nicht in der Milch seiner Mutter kochen.

22, 28b: den Erstgebornen deiner (Söhne) sollst du mir geben (+ v. 29).
23, 15: du sollst das Massothfest feiern, sieben Tage sollst du Massen essen,
23, 16a: Und das Fest der Weizenernte, der Erstlinge deines Landbaus, den du betreibst.
23, 16b: Und das Fest der Lese am Ende des Jahres, wenn du die Früchte des Landes einsammelst, das du bestellst.

22, 28a: Deinen Überfluss und deine Thräne sollst du nicht vorenthalten.

23, 14: Dreimal im Jahre sollst du mir Festfeier halten.
23, 10: Sechs Jahre sollst du dein Land bestellen und seinen Ertrag einsammeln, im siebenten sollst du ihn preisgeben etc. (v. 11).
23, 12: Sechs Tage sollst du deine Arbeit verrichten, am siebenten sollst du ruhen etc. (v. 12b).

Es stehen also den Geboten III—X des jahwistischen Dekalogs acht Gebote gegenüber, die in anderer, aber ähnlicher Weise den Kultus und die Feste normieren und nur No. I und II aus Ex. 34 hätten keine Paralle. Diese in den Bestimmungen 22, 27 und vielleicht auch 17 zu suchen, könnte bedenklich erscheinen, da sich das Verbot, eine Zauberin am Leben zu lassen und das andere, Gott und göttliche Obrigkeit nicht zu verfluchen, kaum als religiöse Grundsatzungen eignen. Dass aber gerade diese beiden, 34, 14 u. 17 entsprechenden Gebote, mochten sie nun ähnlichen oder gleichen Inhalts gewesen sein, ausgefallen sind, ist hinreichend erklärt, wenn das Grundgesetz von E^1 durch Ex. 20 ersetzt wurde, wo ja vor allem auf dem Gebot der alleinigen Verehrung Jahwes und dem Verbot des Bilderkultus der Nachdruck liegt. Wenn aber diese acht Satzungen aus Ex. 22 u. 23 dem Dekalog von E^2 ihrem innersten Wesen nach näher stehen als Ex. 34 (vgl. die schon mehr ethisch-individuelle Tendenz von 23, 10 u. 12 [1]), so darf man vielleicht doch das Gebot 23, 27, das mit 20, 7 auf einer Stufe steht, für diese acht Satzungen reklamieren. Denn hat E^1 einen „Dekalog" gehabt, so wird man mit Bestimmtheit voraussetzen können,

---

1) Zur Sache vgl. Smend, At. Religionsgesch. S. 139 f.

dass er dem Gesamtcharakter dieser Quellenschrift, ihrer profetisch vertieften Religionserkenntnis, durch Vorschriften ethischen Gehalts entsprach. Auch war der Fortschritt von einem solchen Zehngebot zu Ex. 20 entschieden leichter als der von Ex. 34 zu Ex. 20. Mithin wird 23, 27 als ursprünglich zu halten sein, sodass also nur zu Ex. 34 No. I (u. II) die Parallele fehlt, die aber, wie schon gesagt, der Redaktion, die Ex. 20 einsetzte, zum Opfer gefallen sein kann. Nach alle dem stehe ich nicht an, in Ex. 22, 27—28 23, 10 ff. den Dekalog von E^1 zu erblicken, den ich folgendermassen rekonstruieren möchte:

I. ?
II. (Gott sollst du nicht fluchen und den Fürsten in deinem Volke nicht verwünschen?)
III. Deinen Überfluss von Tenne und Kelter sollst du nicht vorenthalten.
IV. Den erstgeborenen deiner (?Söhne?) sollst du mir geben.
V. Dreimal im Jahre sollst du mir Festfeier halten.
VI. Das Massothfest sollst du feiern.
VII. Und das Fest der Weizenernte.
VIII. Und das Fest der Lese am Ende des Jahres.
IX. Sechs Jahre sollst du dein Land bestellen und im siebenten sollst du es preisgeben.
X. Sechs Tage sollst du arbeiten und am siebenten sollst du ruhen.[1])

---

1) Erst längere Zeit nach Abschluss meiner Untersuchung bin ich durch die Liebenswürdigkeit des Herrn Prof. Kautzsch auf O. Meisners scharfsinnige Studie über den Dekalog (Leipziger phil. Diss. 1893), die ich bis dahin nur dem Titel nach aus der Literaturübersicht in Zat W. 1893 II kannte u. nicht weiter beachtet hatte, aufmerksam gemacht worden. Ich gestehe, dass ich höchst angenehm davon überrascht war, dass auch M., auf ganz anderem Wege, zu dem Resultat gelangt ist, in Ex. 23 den Dekalog von $E^{(1)}$ (nach ihm ist allerdings Ex. 20 der Dekalog des Deuteronomiums) zu erblicken. Vielleicht ist dieses Zusammentreffen zweier gleichzeitig u. gänzlich unabhängig von einander Forschenden eine nicht unwesentliche Stütze dafür, dass in obigem Resultat ein Wahrheitsmoment enthalten ist. Ich glaube mit Recht auf eine nachträgliche Auseinandersetzung mit M. verzichten zu dürfen, um vorerst die Kritik über unser Resultat u. die Wege, auf denen wir zu ihm gelangt sind, zu Worte kommen zu lassen.

THESEN.

1. Ex. 22, 27 ff. 23, 10 ff. enthalten den Dekalog des älteren (E¹), Ex. 20, 1 ff. den des jüngeren Elohisten (E²).
2. Die profetische Wirksamkeit des Malachia setzt die Wirksamkeit Ezra's voraus.
3. Die Annahme einer dreifachen Ausprägung des Zukunftsbildes Jesaja's ist exegetisch nicht haltbar.
4. Die ʽEbed-Jahwe-Stücke in Jes. 40 ff. sind älter als diese Schrift und von Deuterojesaja seiner Predigt als Themen zugrunde gelegt.
5. Die Holstensche Unterscheidung zwischen $\nu o\mu o\varsigma$ und $\overset{\text{‘}}{o}\ \nu o\mu o\varsigma$ im Sprachgebrauch des Paulus ist nicht durchführbar.
6. Die neueren Hypothesen über die Komposition der Apokalypse scheitern an der Unmöglichkeit, zwischen urchristlicher und jüdischer Zukunftshoffnung scharf zu unterscheiden.
7. Die Stellung Konstantins zum Christentum war lediglich durch politische Rücksichten bestimmt.
8. Die vielfachen Berührungspunkte zwischen Katharern und Waldensern erklären sich hinreichend aus der Gleichheit der Motive und der Ziele hinsichtlich ihrer antihierarchischen Stellung.
9. Die Hypothese von dem vorchristlich-jüdischen Ursprunge der sog. „beiden Wege" in der $\delta\iota\delta\alpha\chi\eta$ als Fragmenten eines Proselyten-Katechismus lässt sich nicht halten.
10. Die dogmatische Lehre von der unio mystica ist, zumal sie sich auch biblisch begründen lässt, ihrem Kerne nach als religiös wertvoll zu halten.
11. Die Sittenlehre Jesu kann, trotz mehrfachen Hinweises auf einen „Lohn" für das tugendhafte Handeln, nicht als eudämonistisch bezeichnet werden.
12. Die katechetische Behandlung des A. T. hat, ohne der religiösen Würdigung desselben als „Heiliger Schrift" Abbruch zu tun, die Ergebnisse der neueren wissenschaftlichen Arbeit auf at. Gebiete in einfachster Form praktisch zu verwerten.

LEBENSLAUF.

Willy Staerk, geboren zu Berlin am 15. Dezember 1866, als jüngster Sohn eines Gemeindeschul-Rektors, besuchte nach einigen Jahren vorbereitenden Unterrichts in der Schule seines Vaters von 1876 an das Leibniz-Gymnasium seiner Vaterstadt, bezog Ostern 1887, auf Grund eines Reifezeugnisses dieser Anstalt, zunächst die Universität Berlin, um Theologie, orientalische und deutsche Philologie zu studieren, und wandte sich dann im Sommer 1890 nach Marburg, um dort die begonnenen Studien auf theologischem, besonders alttestamentlichem, und orientalischem Gebiete fortzusetzen. Im März 1891 erwarb er vor der philosophischen Fakultät der Universität Halle-Wittenberg den Doktorgrad, liess sich im Sommer 1892 noch einmal in Marburg immatrikulieren, um das schon früher ergriffene Studium der deutschen und klassischen Philologie fortzusetzen und bestand im Jahre darauf vor der Kgl. Wissenschaftlichen Prüfungskommission zu Marburg das Examen pro facultate docendi. Durch die ehrenvolle Verleihung des Evangelischen Säkular-Stipendiums der Stadt Berlin wurde er in den Stand gesetzt, sich bei der Hochwürdigen Theologischen Fakultät der Universität Halle-Wittenberg um den Grad eines Licentiaten der Theologie zu bewerben, der ihm nach Absolvierung des Kolloquiums auf Grund vorstehender Abhandlung am 30. Juni dieses Jahres erteilt worden ist.